SAMANTHA SÁNCHEZ MIRALLES

CASOS DE ESTUDIO SOBRE LA EXPROPIACIÓN EN VENEZUELA

COLECCIÓN MONOGRAFÍAS
N° 2

AF854341

cidep
Centro para la Integración y el Derecho Público

Cita sugerida: Samantha Sánchez Miralles, *Casos de estudio sobre la expropiación en Venezuela* (Caracas: Centro para la Integración y el Derecho Público y Editorial Jurídica Venezolana, 2026)

© De la edición: CIDEP LLC y Editorial Jurídica Venezolana
© Del texto: Samantha Sánchez Miralles

Primera publicación: Centro para la Integración y el Derecho Público (CIDEP), Venezuela, 2016.

ISBN: 979-8-90529-012-1

Publicado por
CENTRO PARA LA INTEGRACIÓN Y EL DERECHO PÚBLICO
Un sello editorial de CIDEP LLC
www.editorial.cidep.online
editorial@cidep.online

TÍTULOS DE LA COLECCIÓN

1. *Derecho Administrativo, LOPNNA y protección de niños, niñas y adolescentes*, Jorge Luis Suárez Mejías.
2. *Casos de estudio sobre la expropiación en Venezuela*, Samantha Sánchez Miralles.

SAMANTHA SÁNCHEZ MIRALLES es Doctora en Derecho por la Universidad Central de Venezuela y Magíster Universitario en Derecho (LL.M) por la University of Michigan. Abogada mención *magna cum laude* de la Universidad Central de Venezuela. Ha sido catedrática de Derecho Administrativo y Derecho Mercantil en la Escuela de Derecho de la Facultad de Ciencias Jurídicas y Políticas de la Universidad Central de Venezuela.

ÍNDICE

CAPÍTULO I: APROXIMACIÓN CONCEPTUAL A LA EXPROPIACIÓN

En Venezuela es innegable el intenso ejercicio de la potestad expropiatoria por parte del Estado en los últimos años.

Tal es así, que del año 2005 al 2013 se registraron más de 150 adquisiciones forzosas publicadas en la *Gaceta Oficial*[1] u otros medios, habiendo esta "política de Estado" disminuido notablemente del 2013 al 2015.

Algunas de estas expropiaciones fueron las referidas a Venepal, Constructora Nacional de Válvulas, Sideroca-Proacero, Central Azucarero Cumanacoa, Central Azucarero Motatán, la Electricidad de Caracas, la Compañía Anónima Nacional de Teléfonos de Venezuela (CANTV), Frigorífico Industrial Barinas, Frigorífico Industrial de Carnes Perijá, Frutícola Caripe, Complejo Cementero Andino, Lácteos Los Andes, Servicios Pesqueros Mida Alpesca, Ruedas de Aluminio, SIDOR, Hotel Hibiscus del Grupo 6, Cemex Venezuela, Holcim Venezuela, Complejo Industrial Helisold, INVECA, Banco de Venezuela, filial del español Santander, la planta procesadora de arroz de la empresa estadounidense Cargill, 60 empresas de actividades petroleras complementarias (transporte, inyección de agua, vapor o gas) en el lago de Maracaibo (occidente), Complejo Hotelero Margarita Hilton, Conservas Alimenticias La Gaviota, Centro Comercial Sambil La Candelaria, CATIVEN, MONACA, 10.000 hectáreas de latifundios para fomentar la producción de alimentos, las metalúrgicas Matesi, Comsigua, Orinoco Iron, Venprecar, Seguros La Previsora, la cadena de Hipermercados Éxito, edificios en el centro de Caracas, la Universidad Santa Inés, en Ba-

---

1 Véase el anexo de este trabajo.

rinas, Envases Internacional y Aventuy, Autoseat, Grupo Agroisleña, VENOCO, Fertilizantes de Oriente y Fertilizantes Nitrogenados de Venezuela, Owens Illinois de Venezuela, Siderúrgica del Turbio (SIDETUR), Aluminio de Venezuela, Sanitarias Maracay, Seguros Federal, 11 taladros petroleros de la empresa estadounidense Helmerich & Payne (H&P), Vidrios Venezolanos Extras, Pastas Cariolli, Consolidada de Ferrys, Azucarera Guanare, Laboratorios Orpin, entre otras.

Estas expropiaciones se han traducido en un incremento sustancial en la creación de empresas públicas o de capital mixto. Por ejemplo, entre 2006 y 2007 se creó un promedio de una empresa pública por mes.

Asimismo, entre 2002 y 2015 el Gobierno ha expropiado e intervenido 1.322 empresas, de acuerdo a las estadísticas de la Confederación Venezolana de Industriales (Conindustria)[2].

Lo anterior nos parece muy lejos de la eficiencia económica, porque esto nos coloca frente a un Estado todopoderoso, regulador y paternalista en detrimento de los derechos económicos individuales, un Estado que interviene cada vez más en todas las actividades económicas de la sociedad, sin que dicha intervención esté basada en el concepto de eficiencia económica ni tampoco realmente en el de utilidad pública, por lo que, en definitiva, dudamos de su beneficio social, por más amplia que sea esta definición.

Si bien todos estos casos presenten particularidades propias que los diferencian del resto, a fines de esta obra hemos seleccionado 3 para su estudio: el caso de FAMA DE AMÉRICA, el caso de CONOCOPHILLIPS, y el caso de CONFERRY.

Pero antes de pasar a conocer las circunstancias y efectos jurídicos y fácticos estas expropiaciones, consideramos oportuno realizar algunas precisiones conceptuales en cuanto a la

---

[2] Disponible en http://runrun.es/rr-es-plus/186639/tiene-responsabilidad-el-estado-en-el-desabastecimiento-de-alimen tos.html [consultado: 11 de diciembre de 2015].

expropiación como institución de derecho público. Estas líneas hemos de tenerlas presentes al momento de observar cómo se materializaron las expropiaciones que aquí reseñamos.

I. ¿QUÉ ES LA EXPROPIACIÓN?

La expropiación es una institución de derecho público mediante la cual el Estado actúa en beneficio de una causa de utilidad pública o de interés social, con la finalidad de obtener la transferencia forzosa del derecho de propiedad o algún otro derecho de los particulares, a su patrimonio, mediante sentencia firme y pago oportuno de justa indemnización[3].

La *Constitución de la República Bolivariana de Venezuela* (CRBV)[4] señala de manera expresa los elementos fundamentales para que proceda la expropiación: utilidad pública o interés general; sentencia firme; y pago oportuno y justo de la indemnización. La CRBV también nos señala que la expropiación puede versar sobre bienes inmuebles, bienes muebles y derechos inmateriales.

Si bien existen numerosas leyes sobre expropiación[5], la *Ley de Expropiación por Causa de Utilidad Pública o Interés Social* (LECUP)[6] es el cuerpo regulatorio que de manera detallada establece las normas generales de esta institución.

---

[3] Definición de la *Ley de Expropiación por Causa de Utilidad Pública o Interés Social.*

[4] Publicada en la *Gaceta Oficial* N° 5.453 Extraordinario del 24 de marzo de 2000, con Enmienda N° 1 en la *Gaceta Oficial* N° 5.908 Extraordinario del 19 de febrero de 2009.

[5] Código Civil, *Ley y de Tierras y Desarrollo Agrario, Decreto con Rango y Fuerza de Ley de Minas, Ley Forestal de Suelos y Aguas, Ley de Aguas, Decreto con Rango, Valor y Fuerza de Ley Orgánica de Transporte Ferroviario Nacional, Decreto con Rango y Fuerza de Ley Orgánica sobre Promoción de la Inversión Privada bajo el Régimen de Concesiones, Decreto con Fuerza de Ley Orgánica de Hidrocarburos, Decreto con Rango y Fuerza de Ley Orgánica de Precios Justos, Ley Orgánica de Seguridad y Soberanía Alimentaria, Ley de Derecho de Autor, Ley de Propiedad Industrial, Tratados bilaterales de protección de inversión.*

[6] Publicada en la *Gaceta Oficial* N° 37.475 de 1 de julio de 2002.

Debemos recalcar que la expropiación no es el resultado de un acuerdo de voluntades, sino de una decisión unilateral de la Administración y es por ello que, en las relaciones derivadas de la expropiación, el Estado actúa en ejercicio de atributos de imperio, es decir investido de supremacía, en representación del interés general[7]. La jurisprudencia ha señalado que la expropiación procede "por las buenas o por las malas"[8] y por lo tanto, no pueden los particulares discutir si el Estado necesita o no esos bienes, solo les queda exigir la garantía de ser debidamente compensados por la lesión que sufra su derecho de propiedad[9]. Esto se verá claramente en los casos en análisis.

II. OBJETO DE LA EXPROPIACIÓN

Ya mencionamos *supra* que la expropiación puede versar sobre cualquier clase de bienes (muebles, inmuebles, corporales, incorporales, reales o personales)[10]. Por su parte, la LECUP, en su artículo 7, confirma el texto constitucional y habla de bienes de cualquier naturaleza, e incluso en el artículo 60, se refiere a bienes con valor artístico, histórico, arquitectónico o arqueológico[11].

III. FINALIDAD DE LA EXPROPIACIÓN

La finalidad está referida a la utilidad pública o al interés social, ambos conceptos jurídicos indeterminados y, en conse-

---

7 Lares Martínez, Eloy. *Manual de Derecho Administrativo. Cursos de Derecho.* 5ta edición, Facultad de Ciencias Jurídicas y Políticas, Universidad Central de Venezuela, Caracas 1983.

8 Sentencia de la CFC SF, 14-03-52 en GF N° 10, 1952 pp. 133-134, citada por Brewer-Carías, Allan. "Introducción General al Régimen de la Expropiación" en *Ley de Expropiación por Causa de Utilidad Pública o Social*, Editorial Jurídica Venezolana, Caracas, 2002, p. 12.

9 *Ídem.*

10 *Constitución de la República Bolivariana de Venezuela*, artículo 115.

11 Según García-Trevijano, José. *Los Convenios Expropiatorios.* Editorial de Derechos Reunidas, Madrid, 1979: "la expropiación se proyecta no sobre bienes sino sobre derechos, porque sobre los bienes no convergen más que derechos concretos, sin embargo, los textos legales que aquí analizamos se refieren siempre a la expropiación de bienes".

cuencia, pueden incluir todo lo que se estime ventajoso para la colectividad[12].

Ahora bien, determinar los criterios para decidir cuando estamos frente a una necesidad pública o un interés social es difícil *a priori* porque se trata de una apreciación fáctica temporal: lo que hoy es de interés general, mañana puede no serlo. Sin contar con que, *per se*, es difícil a veces afirmar la falta absoluta de utilidad pública o interés social.

Impera pues la discrecionalidad de los poderes que intervienen en la ejecución de la expropiación, aunque sin perder de vista que los fines de utilidad pública deben entenderse únicamente con el propósito de atender a la solución de problemas que realmente interesen a la comunidad[13]. No huelga enfatizar que la evaluación es clave por tratarse de una situación de excepción.

La LECUP define utilidad pública en su artículo 3, mas no define interés social y así encontramos:

> Se considerarán como obras de utilidad pública, las que tengan por objeto directo proporcionar a la República General, a uno o más Estados o Territorios, a uno o más Municipios, cualesquiera usos o mejoras que procuren el beneficio común, bien sean ejecutadas por cuenta de la República, de los Estados, del Distrito Capital, de los Municipios, Institutos Autónomos, particulares o empresas debidamente autorizadas.

Jurisprudencialmente en Venezuela encontramos construcciones pertinentes sobre este concepto, por lo que vale la cita de la sentencia de la extinta Corte Suprema de Justicia del 15 agosto de 1988:

> El concepto de utilidad publica [*sic*] por mutable es contingente y circunstancial, pues varia [*sic*] según la época, las circunstancias, el lugar y el ordenamiento jurídico vigente y existe no sólo en los supuestos en que los bienes expropia-

---

12 Véase en general, Brewer-Carías, Allan. *Op. cit.*

13 Lares Martínez, Eloy. *Op. cit.*

dos sean destinados a la utilidad directa de los particulares, sino también cuando fueran afectados el uso de los Organos [*sic*] del Estado. Desde el punto de vista Constitucional, no hay distinción al respecto, ya que sólo se exige la utilidad publica [*sic*] y esta es en extremo amplia y omnicomprensiva, es por ello, precisamente, que por virtud del régimen legislativo y creación jurisprudencial hubo de variarse a expresión "necesidad pública" a "utilidad social", así como otros conceptos mas [*sic*] amplios como "interés general"; "utilidad o interés social"; "el bien común", entre otros[14].

En general, utilidad pública se define como todo aquello que por su conveniencia, provecho o beneficio, contribuye a la realización del bien común, tal y como lo señala el artículo 3 de la LECUP; lo que permita el usufructo general o pueda asegurar la convivencia pacífica.

A su vez, el interés social es definido como aquel que por su naturaleza es inherente o propio de la sociedad y tiene incidencia en la realización de las necesidades colectivas socialmente requeridas[15].

Siguiendo con el tema de la utilidad pública, debemos mencionar que su declaratoria en la expropiación tiene una forma y contenido específico: lo primero que conviene precisar es que la formulación de esta declaración está llamada a recaer, no sobre el bien expropiado, sino sobre la obra o actividad para la cual es requerido dicho bien, de manera que lo que se declara de utilidad pública es esa obra o actividad, y no el bien específico requerido para la ejecución o desarrollo de las mismas[16].

---

14 Fundación de Estudios de derecho Administrativo (FUNEDA). 20 *Años de Jurisprudencia, Jurisprudencia de la Corte Primero de lo Contencioso en materia de Expropiación.* Años 1977-1996. FUNEDA, Caracas, 1998. p. 6.

15 Solano Sierra, Jairo. *La Expropiación Administrativa -Judicial-Excepcional-sui generis*. Ediciones Doctrina y Ley Ltda., Bogotá, 2004, pp. 79 y 80.

16 Grau Fortoul, Gustavo. "Algunas reflexiones sobre la expropiación como medio de privación coactiva de la propiedad" en *Cuestiones Ac-*

Luego, también es menester reseñar que en los casos más recientes de ejercicio de la potestad expropiatoria del Estado se ha aludido al bien en sí mismo, más que a una obra o actividad, como objeto de la declaratoria de utilidad pública o social que se formula. Esta exigencia, según la cual la declaratoria de utilidad pública o social versa sobre actividades u obras en general, y no sobre bienes específicos o concretos deriva de la interpretación armónica y coherente de los artículos 21 y 115 de la CRBV, ha sido expresamente recogida en los artículos 13 y 14 de la LECUP, al señalar que esa declaratoria procede respecto de las obras que procuran un beneficio al colectivo (artículo 13), ofreciendo un catálogo sumamente útil e ilustrativo de obras y actividades generales ya declaradas de utilidad pública (artículo 14), lo cual pone a disposición del intérprete una excelente referencia de lo que debe ser el verdadero objeto de tal declaración[17].

Así, la función del legislador no consiste en determinar los bienes que serán expropiados; esa función, por el contrario, es privativa de la Administración, a través del Decreto Expropiatorio, tal y como se afirma en el artículo 5 de la LECUP. La labor del legislador se limita pues, en realidad, a determinar, con carácter abstracto y general, que la ejecución de una obra es de utilidad pública e interés social, con lo cual la Administración podrá, si lo estima pertinente, acordar que para la ejecución de esa obra declarada de utilidad pública e interés social, es necesaria la adquisición forzosa de determinados bienes[18].

La declaración de utilidad pública o interés social no puede estar fundada en motivos falsos o irracionales, por lo que ha sido admitido que el control de la declaración legal de utilidad pública e interés social puede abarcar incluso la interdicción de la arbitrariedad del Legislador, en el sentido que

---

tuales del derecho de la empresa en Venezuela. Colección de Estudios Jurídicos, Grau, Hernández & Mónaco, Abogados, Caracas, 2007. p. 63.

17 *Ídem*, p. 70.

18 *Ídem*, p. 71.

éste no es libre de efectuar esa declaratoria por su simple capricho o mero arbitrio, sino por el contrario, ha de actuar siempre racionalmente[19].

Nos gustaría, claro está, que esa racionalidad también estuviera ligada a la eficiencia económica, para beneficio de toda la comunidad. Sin embargo, debemos decir que, tanto las motivaciones que sustentan las últimas regulaciones económicas en el país, así como las distintas decisiones de nuestro máximo tribunal, parecen indicar que la eficiencia económica está fuera de los parámetros tomados en cuenta para decidir[20].

El control de la arbitrariedad no es, por supuesto, exclusivo de la declaratoria de utilidad pública, sino que abarca el control que la justicia constitucional ejerce sobre toda Ley. De hecho, la Sala Constitucional del Tribunal Supremo de Justicia ha señalado que, al limitar derechos económicos, el Legislador no puede incurrir en arbitrariedades[21].

---

19 *Ídem*, p. 72.

20 Véase De León, Ignacio. "A cinco años de la Constitución Económica de 1999: Un balance de gestión" en *Tendencias Actuales del Derecho Constitucional. Homenaje a Jesús María Casal Montbrun*, T. II, Universidad Central de Venezuela y Universidad Católica Andrés Bello, Caracas, 2007, p. 398 y ss., quien a título ilustrativo cita los casos DIPOSA; CANTV, Créditos Indexados, Minera las Cristinas, y Transportes Saet, donde se evidencia la ideología redistributiva de la riqueza y la propiedad, en un patente divorcio y detrimento del tráfico comercial, la seguridad jurídica y la transparencia institucional.

21 Véase por ejemplo, la sentencia del 4 de mayo del 2000 de la Sala Constitucional del Tribunal Supremo de Justicia: "De las normas antes transcritas se puede colegir, que las mismas consagran la libertad económica no en términos absolutos, sino permitiendo que mediante la ley se dispongan limitaciones. Sin embargo, debe destacarse que ello no implica ejercicio alguno de poderes discrecionales por parte del legislador, el cual, no podrá incurrir en arbitrariedades y pretender calificar por ejemplo, como 'razones de interés social' limitaciones a la libertad económica que resulten contrarias a los principios de justicia social, ya que, si bien la capacidad del Estado de limitar la libertad económica es flexible, dicha flexibilidad existe mientras ese derecho no se desnaturalice". Disponible en:

Por otro lado, ha sido aceptado pacíficamente por la jurisprudencia y por la doctrina comparada que el control de constitucionalidad de la declaratoria de utilidad pública o interés social con finalidad expropiatoria, no se limita a la mera consideración de las afirmaciones generales y no demostradas del Legislador, dado que, al momento de defender la constitucionalidad de esa declaratoria, el Legislador tiene la carga de demostrar ante la jurisdicción constitucional con pruebas idóneas y suficientes, la razonabilidad y proporcionalidad de la declaratoria legal de utilidad pública o de interés social, a fin de refutar cualquier sospecha de trato desigual o discriminatorio.

Además, es necesario que los motivos o razones sobre los cuales reposa tal declaratoria, no sean en modo alguno falsos o carezcan de razonabilidad, so pena de dar cabida por este motivo a la impugnación de la declaratoria en cuestión, que al ser formulada en tales términos, devendría en un acto viciado de nulidad por violación al principio de interdicción de la arbitrariedad[22].

Es claro pues, que la Administración debe tener un plan de lo que se va a hacer, no puede ir imponiendo afectaciones eternas, sino que, *a priori*, debe determinar cuál es la utilidad pública o interés social que se enfrenta, porque de no hacerlo, esto sería además una clara desviación de poder. Y no puede la Administración, una vez declarada la razón y finalidad de la expropiación, ejecutarla para fines distintos (esto constituye otra de las garantías de la expropiación)[23].

---

http://historico.tsj.gob.ve/decisiones/scon/ Mayo/329-4-5-00-00-0736.htm [consultado: 11 de diciembre de 2015].

22 Grau Fortoul, Gustavo. *Op. cit.*, p. 73.

23 Salomón de Padrón, Magdalena. "Consideraciones Generales sobre la Expropiación por Causa de Utilidad Pública o Social" en *El Derecho Administrativo Venezolano en los Umbrales del Siglo XXI. Libro Homenaje al Manual de Derecho Administrativo*. Universidad Monteavila, Caracas, 2006, p. 71.

IV. JUSTA INDEMNIZACIÓN

La indemnización es el monto o valor que se paga para resarcir o reparar el detrimento, deterioro, daño o perjuicio causado a una persona en su integridad o bienes.

En el caso específico de la expropiación, como hemos visto que el ordenamiento jurídico parte de la protección y garantía del derecho de propiedad, cuando el Estado expropia, en reconocimiento de esa garantía y de ese derecho, éste debe resarcir el equilibrio económico entre el valor del bien expropiado y las consecuencias de esa enajenación forzosa de la propiedad: esa es la indemnización[24].

Sólo el pago de la indemnización produce la traslación de la propiedad. Los artículos 36 y 38 de la LECUP definen criterios a tomarse en cuenta para el justiprecio, en el caso de muebles: clase, calidad, dimensiones, marcas, tipo, modelo, vida útil, estado de conservación. Y contablemente debe tomarse en cuenta: valor de adquisición, valor actualizado atendiendo al valor de reposición y a la depreciación, normalmente aplicables[25]. En cuanto a los inmuebles se mantiene la libertad de los peritos para escoger los elementos que consideren pertinentes para la fijación del justo valor.

Ahora bien, la Ley califica, además, la indemnización y señala que debe ser justa, y esto ha sido confirmado por nuestra jurisprudencia:

> [...] se requiere que ella constituya la más exacta y completa reparación del perjuicio inmediata y directamente experimentado por el propietario, a consecuencia de la expropiación, en el momento en que el bien expropiado pase del patrimonio de éste al del expropiante. La expropiación, ha dicho este Supremo Tribunal en otras decisiones, no puede perjudicar ni beneficiar a nadie [...][26].

---

[24] Solano Sierra, Jairo. *Op. cit.*, p. 85 y ss.

[25] Brewer-Carías, Allan. *Op. cit.*

[26] Sentencia de la Corte Suprema de Justicia de fecha 24 de julio de 1978, citada por Brewer-Carías, Allan. *Op. cit.*, p. 45.

Y citamos para reconfirmar:

> [...] la fijación de un justiprecio no acorde con el verdadero valor del bien objeto de expropiación, produciría un gravamen, a todas luces irreparable, en la esfera de los derechos patrimoniales de cualesquiera de los sujetos procesales del procedimiento expropiatorio, bien porque con la sobreestimación del precio justo se produzca un enriquecimiento del sujeto expropiado, proporcional al perjuicio patrimonial del ente expropiante, y en la última instancia, al patrimonio público nacional, estadal o municipal[27].

La Ley también señala que la indemnización debe ser oportuna y pagada en dinero en efectivo[28]. La oportunidad, señala la Constitución, es antes de que se produzca la expropiación y la Ley prevé además que los cálculos de indemnización deben hacerse basados en la fecha del avalúo y no en la fecha del decreto, lo que está también íntimamente ligado al carácter justo de la indemnización.

---

[27] Sentencia de la Sala Político Administrativa de fecha 30 de junio de 2004, citada por Avellaneda, Eloisa. "La Expropiación en la legislación venezolana" en *Tendencias Actuales del Derecho Constitucional. Homenaje a Jesús María Casal Montbrun*. T. II, Universidad Central de Venezuela y Universidad Católica Andrés Bello, Caracas, 2007, p. 421.

[28] Llaman la atención los comentarios hechos por el Presidente Hugo Chávez en su programa Aló Presidente del 4 de marzo de 2009, al indicar que pagaría una eventual expropiación de las empresas Polar con bonos, en clara contravención a la ley en cuanto al pago de la indemnización por expropiación debe ser oportuna y en dinero en efectivo. Citamos: "Nosotros pudiéramos expropiar todas las plantas de la Polar, se lo advierto señor Mendoza, porque usted manda a abogados tarifados a decir que esto es una expropiación bueno está bien, si usted quiere pelear con el gobierno le digo que no es con el gobierno sino con la ley, allá usted", recalcó. "Elías usted tiene todo listo, verdad, ahí están las leyes, es utilidad pública, si se ponen cómicos siguen agrediéndonos, diciendo que es un atropello, los expropiamos y le pagamos con unos bonos. Lo advierto, esta revolución va en serio, estamos haciendo las inspecciones respectivas y las vamos a seguir haciendo".
Tomado de http://www. eluniversal.com/2009/03/04/eco_ava_chavez-ordena-exprop_04A2242643.shtml [consultado: 11 de diciembre de 2015].

CAPÍTULO II:
EL CASO FAMA DE AMÉRICA

En este capítulo analizaremos la expropiación de la sociedad FAMA DE AMÉRICA, C.A. ordenada mediante Decreto N° 7.035 de fecha 10 de noviembre de 2009[29], que se produce luego de una ocupación temporal ordenada por los Ministerios del Poder Popular para el Comercio y Agricultura y Tierras el 3 de agosto de 2009.

No analizaremos la parte adjetiva del caso. Sin embargo, mencionaremos brevemente la demanda ante el CIADI por la expropiación en cuestión.

Al efecto, partiremos de que FAMA DE AMÉRICA es una empresa que tiene más de un siglo en Venezuela y su marca es una de las más emblemáticas del sector cafetalero.

Su expropiación, que por primera vez en el país, incluye de manera expresa la marca comercial, dio inicio a una nueva era de expropiaciones en el país[30]. La misma se inicia con una ocupación temporal de la planta de café FAMA DE AMÉRICA, ubicada en La Yaguara, ordenada por los Ministerios de Comercio y Agricultura y Tierras.

Los ministerios en cuestión señalaron que la medida preventiva de ocupación temporal buscaba garantizar el abastecimiento del rubro y que este no fuese a terminar en el supuesto contrabando de extracción[31].

---

29 Publicado en la *Gaceta Oficial* N° 39.303 del 10 de noviembre de 2009.

30 Obuchi, Richard (Coordinador). *Gestión en rojo: Evaluación y desempeño de las 16 empresas estatales y resultados generales del modelo productivo socialista.* IESA, Caracas, 2011.

31 *El Universal.* Ejecutivo toma temporalmente plantas de café Madrid y FAMA DE AMÉRICA. Disponible en http://

I. ANTECEDENTES

Desde el 2003 el gobierno demostraba intenciones de participar activamente en el mercado interno de café y ese año el Ejecutivo anunció la creación de la empresa mixta Café Venezuela y el lanzamiento de esa marca como sello del café venezolano (tratando de seguir el modelo colombiano de "Juan Valdez").

En agosto de 2006 se creó CVA, Café, C.A., filial de la Corporación Venezolana Agraria (CVA) con el fin de fortalecer la cadena agroproductiva del café en Venezuela mediante la participación del estado en los procesos de tostado y molido, distribución y comercialización de café.

En ese mismo año 2008, se anunció la exportación de café usando la marca Café de Venezuela a través de la red Citgo en Estados Unidos de América. Sin embargo, en 2010 este intento sólo había llevado a que la mencionada marca obtuviese algunos puntos en las redes sociales del gobierno.

Es interesante destacar que hasta el 2004 la industria cafetera nacional estaba en capacidad de abastecer el mercado interno, cuyo consumo era de 1,7 millones de toneladas. No obstante, ese año 2004 se produjeron solo 1,5 millones de toneladas de café verde[32]. Y en la actualidad el desabastecimiento es innegable[33].

II. CRONOLOGÍA

03-08-2009. Los Ministros del Poder Popular para el Comercio y Agricultura y Tierras ordenan la ocupación temporal por tres meses.

---

www.eluniversal.com/2009/08/03/eco_ava_ejecutivo-toma- tempo_03A2576683 [consultado: 11 de diciembre de 2015].

[32] Obuchi, Richard. *Op. cit.*, p. 140 y ss.

[33] Más adelante se detalla el tema de desabastecimiento de café a nivel nacional.

10-11-2009. El Presidente de la República decreta su adquisición forzosa.

13-05-2010. El Ministro del Poder Popular para la Agricultura y Tierras crea la Comisión de Enlace.

17-11-2009. El Juzgado Superior Primero Agrario de la Circunscripción Judicial del Distrito Metropolitano de Caracas y de los Estados Miranda, Vargas, Guárico y Amazonas decreta medida cautelar innominada especial agraria de ocupación, posesión y uso solicitada por la República.

13-10-2010. El Juzgado Superior Primero Agrario de la Circunscripción Judicial del Distrito Metropolitano de Caracas y de los Estados Miranda, Vargas, Guárico y Amazonas decreta sin lugar la oposición a la medida cautelar.

25-10-2010. El Juzgado de Sustanciación de la Corte Segunda de lo Contencioso Administrativo admite la solicitud de expropiación presentada por la República y ordena abrir cuaderno separado para el trámite de la medida cautelar innominada de ocupación, posesión y uso de los bienes muebles e inmuebles.

29-11-2010. La Corte Segunda de lo Contencioso Administrativo reitera y ratifica la procedencia de la medida cautelar innominada de ocupación, posesión y uso decretada por el Juzgado Superior Primero Agrario y, a su vez, acuerda la misma sobre nuevos inmuebles.

23-02-2011. Longreef Investments (inversionista en FAMA DE AMÉRICA) presenta caso ante el Centro Internacional para el Arreglo de Diferencias Relativas a Inversiones (CIADI).

09-09-2011. Se constituye el tribunal del CIADI presidido por David A.O. Edward, Enrique Gómez-Pinzón y Alexis Mourre.

29-09-2011. La Corte Segunda de lo Contencioso Administrativo confirma la medida cautelar innominada de ocupación, posesión y uso, debido a que no se presentó escrito de oposición.

07-11-2011. La República solicita que se descalifique a Enrique Gómez-Pinzón como árbitro.

24-01-2012. El CIADI niega la solicita sobre la descalificación de Enrique Gómez-Pinzón como árbitro.

29-06-2012. La República solicita un pronunciamiento sobre la jurisdicción del CIADI para conocer del caso.

12-02-2014. El CIADI declara tener jurisdicción para conocer del caso.

07-11-2014. El Ministro del Poder Popular para la Agricultura y Tierras modifica de nuevo la composición de la Comisión de Enlace.

27-07-2015. El Ministro del Poder Popular para la Agricultura y Tierras modifica la composición de la Comisión de Enlace.

31-07-2015. El CIADI se pronuncia sobre la producción de documentos en el caso.

III. OBJETO DE LA EXPROPIACIÓN

El 10 de noviembre de 2009, mediante Decreto N° 7.035, se ordenó la:

> [...] adquisición forzosa de la sociedad mercantil FAMA DE AMERICA [*sic*], C.A., así como sus empresas filiales y afiliadas, activos tangibles e intangibles, bienes muebles e inmuebles, las bienhechurías que constituyen y sirven para el funcionamiento de Centros de Distribución, Almacenes y Puestos de Compras, así como los derechos correspondientes a la marca comercial FAMA DE AMERICA [*sic*] que distingue los productos pertenecientes a la referida sociedad mercantil, especificados en el presente Artículo para la ejecución de la obra "CONSOLIDACION [*sic*] DE LA INFRAESTRUCTURA AGROINDUSTRIAL DEL CAFÉ" que llevará a cabo la puesta en uso y aprovechamiento social de la Planta Agroindustrial para el procesamiento del café, a los fines de promover el desarrollo endógeno de la zona, así como la protección y generación de fuentes de trabajo.
>
> La obra "CONSOLIDACIÓN DE LA INFRAESTRUCTURA AGROINDUSTRIAL DEL CAFÉ", será ejecutada por el Minis-

terio del Poder Popular para la Agricultura y Tierras, de acuerdo con las disposiciones legales pertinentes.

1) BIENES INMUEBLES: Los bienes inmuebles que fungen como Centros de Distribución, Almacenes y Puestos de Compra de café, que sirven a los fines del acopio, transformación o distribución de café verde, los productos o subproductos aprovechado o producido por la Sociedad Mercantil FAMA DE AMERICA [*sic*], C.A.

2) BIENES MUEBLES: Las maquinarias, equipos industriales y de oficina e implementos de trabajo, que forman parte integrante de bienes muebles de la Sociedad Mercantil FAMA DE AMERICA [*sic*] C.A.

Así mismo, quedan afectados por el presente Decreto:

Las bienhechurías pertenecientes a la referida empresa, incluidas aquéllas que se encuentran en los inmuebles de compra, o acopio, distribución o almacenamiento.

Cualesquiera otros bienes inmuebles o muebles afectos al funcionamiento de la Planta Agroindustrial para el procesamiento del café o a la comercialización o distribución de los productos y subproductos en ella elaborados, así como las maquinarias, equipos industriales y de oficina, implementos de trabajo y otros materiales que se encuentren en los inmuebles de la referida empresa, que sean necesarios para ejecutar el cometido de la obra "CONSOLIDACIÓN DE LA INFRAESTRUCTURA AGROINDUSTRIAL DEL CAFÉ"[34].

Inmediatamente después del decreto expropiatorio citado, se dictó la Resolución N° DM/0092/2009 del Ministerio del Poder Popular para la Agricultura y Tierras, por la cual se designa a los miembros que conformarán la Comisión de Enlace de la sociedad Mercantil FAMA DE AMÉRICA C.A.[35]

Es importante enfatizar que en el objeto de esta expropiación, por primera vez en una expropiación en Venezuela, se menciona de manera expresa la marca comercial.

---

34 Artículo 1 del Decreto N° 7035, *Op. cit.*

35 *Gaceta Oficial* N° 39.308 del 17 de noviembre de 2009.

IV. FINALIDAD DE LA EXPROPIACIÓN

La finalidad de la expropiación se refiere, como ya acotáramos, a la utilidad pública o al interés social que el Estado alega para justificar el acto expropiatorio. Por lo que nos debemos referir entonces a los considerandos del Decreto:

> CONSIDERANDO, Que es deber del Estado, garantizar la soberanía y seguridad alimentaria de la población, adoptando las medidas necesarias para obtener niveles estratégicos de auto abastecimiento, y garantizarle a toda la población la disponibilidad, acceso, intercambio y distribución equitativa de los alimentos de manera estable que aseguren las condiciones físicas y emocionales adecuadas, para el desarrollo humano integral y sustentable.
>
> CONSIDERANDO, El Decreto con Rango, Valor y Fuerza de Ley Orgánica de Seguridad y Soberanía Agroalimentaria, declara de orden público, utilidad pública e interés social las actividades que aseguren la disponibilidad y acceso oportuno de los alimentos inocuos, de calidad y en cantidad suficiente a la población, así como los bienes necesarios con los cuales se desarrollan dichas actividades y señala expresamente la posibilidad de proceder a la adquisición forzosa de los bienes afectos a tales actividades sin la necesidad de obtener autorización por parte de la Asamblea Nacional. Así mismo, prevé la posibilidad de que los órganos y entes competentes establezcan las medidas, y acciones especiales, que permitan controlar o evitar las distorsiones en la distribución e intercambio en el mercado nacional.
>
> CONSIDERANDO, Que el café tiene un gran valor tradicional y cultural para la Nación, siendo un rubro de alto consumo para los venezolanos, y constituye, el su único medio de sustento económico de 175.000 pequeñas familias caficultoras.
>
> CONSIDERANDO, Que el mercado interno se ha visto afectado por el desabastecimiento del café verde, debido al incremento de los precios de ese rubro en los países limítrofes, generando situaciones de contrabando.
>
> CONSIDERANDO, Que la torrefactora, FAMA DE AMERICA [*sic*], C.A., se ha consolidado en el procesamiento y distribución de café en el país, llegando a adquirir hasta un 30% de la producción nacional, desplazando así a las pequeñas y medianas torrefactoras de todos los escenarios.

Vistos estos considerandos, podríamos decir entonces que se pretende, mediante la expropiación de FAMA DE AMÉRICA, la consecución de un interés social: garantizar el abastecimiento de café a nivel nacional y desmontar la posición de dominio de la empresa en el área.

Es evidente que la formulación de la utilidad pública de esta declaración recae, no sobre el bien expropiado, sino sobre la obra o actividad para la cual es requerido dicho bien, de manera que lo que se declara de utilidad pública es esa obra o actividad, y no el bien específico requerido para la ejecución o desarrollo de las mismas.

La obra es, como lo dice el artículo 1 del propio Decreto expropiatorio: "CONSOLIDACIÓN DE LA INFRAESTRUCTURA AGROINDUSTRIAL DEL CAFÉ".

No podemos dejar de preguntarnos si "la consolidación de la infraestructura agroindustrial del café" es una obra en sí misma. Tampoco podemos dejar de recordar aquí, que contamos con una serie de instrumentos jurídicos específicos para el tema de libre competencia y consecuentemente poder sancionar el abuso de posición de dominio sin pasar por la figura de expropiación, que tal y como señalamos al inicio de este trabajo, se trata de una institución excepcional, con finalidades muy específicas, y que por lo tanto, no nos parece la más apropiada para este caso.

V. EXPROPIACIÓN COMO SANCIÓN

El artículo 6 de la *Ley para la Defensa de las Personas en el Acceso a los Bienes y Servicios*[36] en sus dos últimos apartes establece la expropiación como sanción y en tal sentido, señala

---

[36] Publicada en la *Gaceta Oficial* N° 39.358 del 1 de febrero de 2010. Hoy derogada por el *Decreto con Rango, Valor y Fuerza de Ley Orgánica de Precios Justos*, publicado en la *Gaceta Oficial* N° 40.340 del 23 de enero de 2014 y cuya última reforma fue publicada en la *Gaceta Oficial* N° 6.202 Extraordinario del 8 de noviembre de 2015 y reimpresa en la N° 40.787 del 12 de noviembre de 2015.

que el Ejecutivo Nacional hará la apertura del procedimiento expropiatorio una vez que se hayan cometido los ilícitos económicos y administrativos señalados en la CRBV y esta Ley.

Los ilícitos referidos en el párrafo anterior son los previstos en el artículo 114 de la Constitución que establece: el ilícito económico, la especulación, el acaparamiento, la usura, la cartelización y otros delitos conexos. En tanto que la propia ley establece en sus artículos 16, 53, 46, 47, 65, 66, 67, 68 y 69: de las condiciones abusivas, del precio, prohibición de marcaje, prohibición de incremento de precio de bienes de existencia ya marcada, especulación, especulación en la compra, acaparamiento, boicot, y prohibición de expendio de alimentos o bienes vencidos o en mal estado.

En el marco de este procedimiento expropiatorio el Estado podrá adoptar la medida de ocupación, operatividad temporal e incautación, la cual se manifiesta mediante la posesión inmediata, puesta en operatividad y el aprovechamiento del local, establecimientos o bienes, previa realización de inventario de activo, así como las medidas que considere necesarias para llevar a cabo la continuidad y prestación del servicio.

Esta ley plantea por primera vez en Venezuela la expropiación como sanción, figura que sí existía, por ejemplo, en España, en los casos en los que el particular propietario ha incumplido con la finalidad asignada, por ley, a ciertos bienes. En este caso, la regulación española indica que para que se dé la expropiación sancionatoria, debe haber una ley específica que establezca cómo deben ser usados los bienes en cuestión y un posterior incumplimiento de ese uso predeterminado por parte del propietario privado. El Estado puede entonces expropiar para sí o dejar la propiedad en estado público de venta[37].

Volviendo a Venezuela, en nuestro criterio, la expropiación punitiva prevista en la *Ley para la Defensa de las Personas en el*

---

[37] García de Enterría, Eduardo y Fernández, Tomás-Ramón. *Curso de Derecho Administrativo II*. Novena Edición, Civitas Ediciones, Madrid, 2004, p. 337.

Acceso a los Bienes y Servicios es inconstitucional y además, abre toda una nueva área de dudas sobre su aplicación y sus consecuencias, por ejemplo, ¿significa que por ser un castigo la expropiación no comporta justa indemnización?[38]

Ahora bien, en el caso de FAMA DE AMÉRICA, es evidente que se trata de una expropiación sancionatoria. Desde el mismo momento de la ocupación, el Ministro en ese entonces de Agricultura y Tierras, Elías Jaua, aseguró que se seguiría ejerciendo la Constitución contra los monopolios y oligopolios: "no vamos a permitir que se siga chantajeando al pueblo, porque detrás de todo esto siempre hay el chantaje de que si hay desabastecimiento es porque no hay precio justo". Recordó que hacía ocho meses el Ejecutivo había ajustado el precio del café y exhortó a los dueños de las empresas a garantizar el abastecimiento del rubro. "Les hicimos un llamado a la reflexión, ellos deben recordarlo. Una noche en el Ministerio de Agricultura le dijimos aquí está la mano amiga del Gobierno para trabajar, pero si ustedes persisten en la distorsión del mercado, en favorecer el contrabando de extracción, en distorsionar el funcionamiento de las pequeñas y medianas torrefactoras, nos veremos obligados a actuar, y es lo que estamos haciendo hoy"[39].

Analicemos ahora los considerandos cuarto y quinto del Decreto Expropiatorio. Vemos que el cuarto señala el desabastecimiento de café verde "por situaciones de contrabando". Al citar contrabando, debemos recordar que ese ilícito administrativo prevé sus propias sanciones, entre las cuales no está la expropiación. Por otra parte, el considerando quinto se refiere "al desplazamiento de pequeñas y medianas torrefactoras" del mercado debido a la consolidación de la expropiada en el mercado en el área de procesamiento y distribución de café.

---

[38] Un ejemplo de la aplicación de esta Ley se concretó cuando el Ejecutivo Nacional dictó el Decreto de Expropiación N° 7.185 del 19 de enero de 2010 de Hipermercados Éxito, debido al remarcaje de precios a diferentes bienes que practicó esta cadena comercial.

[39] El Universal, *Op. cit.*

Al leer estos considerandos, podemos fácilmente concluir que estamos frente a una expropiación sancionatoria, es decir, el Estado busca castigar a la empresa porque, en su criterio, no ha abastecido el mercado y por haber abusado de su posición de dominio desplazando a torrefactoras más pequeñas.

Ya hemos dicho que entendemos que en Venezuela la expropiación como sanción es inconstitucional y por otra parte, en estricta lógica esta no ameritaría una indemnización y estaríamos más bien frente a otra figura como podría ser la confiscación o un comiso, y no una expropiación, que implica una indemnización para evitar que se empobrezca o se enriquezca a alguien con el proceso.

Adicionalmente, en nuestro criterio, y como ya hemos referido *supra*, el Estado cuenta con otros medios más propicios y por ende, más eficientes (regulaciones y sanciones bajo el derecho de libre competencia, por ejemplo) para lograr el equilibrio de mercado, sin tener que recurrir a una medida tan excepcional y perturbadora del juego económico como lo es la expropiación.

VI. INDEMNIZACIÓN JUSTA

A fines de abril de 2010 se hablaba de una indemnización del 10% del precio[40]. A la fecha de redacción de esta obra no se ha pagado ninguna indemnización a los dueños de la empresa expropiada.

Recordemos aquí que solo el pago de la indemnización produce la traslación de la propiedad, sin embargo, la realidad es que con la ocupación de los bienes de la empresa nos enfrentamos a una privación clara del derecho de propiedad, sin la correspondiente indemnización.

Esta ha sido, sin duda, una de las causas principales para el procedimiento ante el CIADI reseñado *infra*.

---

40 Obuchi, Richard. *Op. cit.*

VII. DEMANDA ANTE CIADI

El Centro Internacional para el Arreglo de Diferencias Relativas a Inversiones (CIADI) es una institución del Banco Mundial especialmente diseñada para propiciar la solución de disputas entre gobiernos y nacionales de otros Estados. Una de sus finalidades es dotar a la comunidad internacional con una herramienta capaz de promover y brindar seguridad jurídica a los flujos de inversión internacionales.

Este centro se creó como consecuencia del Convenio sobre Arreglo de Diferencias Relativas a Inversiones entre Estados y Nacionales de Otros Estados que entró en vigor en 1966[41]. Venezuela firmó este Convenio el 18 de agosto de 1993, su Ley aprobatoria es del 10 de agosto de 1994 y se ratificó finalmente el 3 de abril de 1995[42].

El 23 de febrero de 2011, la empresa holandesa Longreef Investment, accionista de FAMA DE AMÉRICA, demandó al Gobierno de Venezuela ante el CIADI, por la falta de indemnización de los bienes que fueron adquiridos de manera forzosa en 2009.

Con la demanda, la empresa exige al Ejecutivo que cancele los bienes tangibles e intangibles debido a que se adueñó hasta de la marca registrada: FAMA DE AMÉRICA, sin reconocer los derechos.

En abril del 2009, el Gobierno manifestó a los propietarios de la torrefactora que pagaría solo 10% del valor de la empresa, pese a que los peritos que realizaron el avalúo certificaron el costo real incluyendo la marca y los activos.

El Gobierno procedió a tomar la empresa sin pagar a los dueños, desconociendo la Ley de Expropiación, que establece en los artículos 19, 20 y 22 que, una vez fijada por la comisión de avalúo la valoración correspondiente al justiprecio, ese

---

41 Más información disponible en su web: www.icsid.world bank.org

42 Publicada en la *Gaceta Oficial* N° 35.685 del 3 de abril de 1995.

resultado debía ser notificado por escrito a los propietarios o representantes, quienes manifestarían si aceptaban o no la tasación practicada[43].

El proceso ante el CIADI ha seguido su curso, y luego de la constitución del tribunal arbitral presidido por David A.O. Edward, y el nombramiento de Enrique Gómez-Pinzón y Alexis Mourre, la República solicitó que se descalificara a Enrique Gómez-Pinzón como árbitro. El CIADI negó esta solicitud sobre la descalificación.

Posteriormente, la República solicita un pronunciamiento sobre la jurisdicción del CIADI para conocer del caso, pero el CIADI declaró tener jurisdicción para conocer el mismo.

A la fecha el proceso continúa su curso.

VIII. OTROS PUNTOS PECULIARES A DESTACAR

1. No existe la obra o actividad preexistente a la expropiación, ya que "la obra" que justifica la expropiación es realmente la ejecución de la misma actividad desarrollada por la empresa privada cuyos activos están siendo afectados.

   Sin contar con que "la consolidación de la infraestructura agroindustrial del café" no es una obra en sí; y además en el caso específico de la marca comercial, esta no es necesaria para dicha "obra".

   Asumiendo que el acceso de la población al café sea causa de la expropiación, ¿importa realmente qué nombra tenga el café puesto a disposición de la población? No nos parece justificable.

2. Los bienes muebles e inmuebles objeto de la expropiación aparecen indeterminados, es decir, no fueron

---

[43] Más información al respecto disponible en http://www. notitarde.com/VersionImpresa/Seccion/Demandan-por-expropiacion-de-Fama-de-America/2011/01/19/25523 [consultado: 11 de diciembre de 2015].

singularizados para la satisfacción de la necesidad pública, tal y como lo requiere la LECUP.

3. Se expropia la marca FAMA DE AMÉRICA, con todas las posibles ineficiencias y cuestionamientos que se generan al expropiar un intangible y como asignar valor a una marca comercial[44].

4. ¿Qué ha pasado después de la expropiación? Hemos visto, entre los considerandos del decreto expropiatorio que una de las razones que justificaron la expropiación era el desabastecimiento de café en el mercado nacional. Y esto se ha analizado *supra* en su relación con la figura de la expropiación como sanción.

   Entonces, nos preguntamos qué ha pasado con el abastecimiento de café en el país luego de la expropiación de FAMA DE AMÉRICA.

   A la fecha en la que se escribe este trabajo, agosto de 2015, el Gobierno posee hasta 75% de la capacidad instalada para producir algunos de los rubros que hoy más escasean. Datos de la Cámara Venezolana de la Industria de Alimentos (Cavidea)[45] muestran que el Estado es un actor central en la producción de alimentos, y en el caso específico del café el Estado concentra 80% de la capacidad instalada, pero importa 46% de lo que se consume en el país[46].

   Ahora bien, a pesar de ese control casi absoluto del Estado de los medios de producción de café, en la encuesta de Datanálisis de mayo de 2015, se concluyó que la escasez de alimentos en general en Caracas superó el 60,7%. Había un promedio de más del 90% de

---

[44] Véase para más detalles Sánchez Miralles, Samantha. *Expropiación de marca en Venezuela. Particular enfoque desde el punto de vista del análisis económico del derecho.* FUNEDA, Caracas, 2011.

[45] Disponible en www.cavidea.org [consultado: 11 de diciembre de 2015].

[46] Fuente INE/Fedecamaras.

desabastecimiento en los locales de varios rubros, en los que se encontraba entre otros, el café[47].

Esto significa claramente un panorama lejano a la eficiencia y opuesto a la consecución de utilidad pública que en teoría es la base de toda expropiación.

La expropiación no persigue, al menos en teoría, la destrucción pura y simple de lo expropiado. Es decir, que la expropiación ha sido pensada y concebida originalmente para permitir el paso de bienes privados a la propiedad del Estado, por causa de utilidad pública[48], no expropiar para simplemente destruir lo expropiado, sin embargo, en caso como FAMA DE AMÉRICA no podemos dejar de preguntarnos si esta no es la finalidad última del Estado.

CONCLUSIONES

1. En la expropiación de FAMA DE AMÉRICA no ha habido declaratoria de utilidad pública e interés social mediante la ley, sino que todo se ha hecho a través de un decreto del ejecutivo nacional. Esto vulnera la garantía expropiatoria.
2. No existe la obra o actividad preexistente a la expropiación, ya que "la obra" que justifica la expropiación es realmente la ejecución de la misma actividad desarrollada por la empresa privada cuyos activos están siendo afectados. Sin contar con que "la consolidación de la infraestructura agro-industrial del café" no es una obra en sí.
3. La inclusión indiscriminada y no detallada de los bienes de FAMA DE AMÉRICA como objeto de la expro-

---

47 Disponible http://www.lapatilla.com/site/tag/datanalisis/ [consultado: 11 de diciembre de 2015].

48 Véase García de Enterría, Eduardo y Fernández, Tomás-Ramón. *Op. cit.*, p. 239.

piación no se compadece con la finalidad pública, ni con el carácter indispensable para la consecución de esta última ni mucho menos con la obligación formal de definirlos, tal y como lo exige la ley. Tal situación hace posible sostener que, prácticamente, lo expropiado no fueron los bienes determinados de una persona jurídica en pro de la utilidad pública, sino todos los activos de dicha persona despojándola, inclusive, de su marca comercial.

4. Estamos frente una expropiación sancionatoria ya que sus considerandos señalan como causas para justificar la medida que ha habido "situaciones de contrabando" y un "desplazamiento de pequeñas y medianas torrefactoras" del mercado debido a la consolidación de la expropiada en el mercado en el área de procesamiento y distribución de café.

   Ya hemos comentado que la expropiación como sanción no está permitida por la Constitución, ni por la LECUP[49], y por lo tanto esta expropiación podría ser calificada de inconstitucional, además que las conductas arriba señaladas tienen sus propias sanciones, entre las cuales no está la expropiación.

5. La expropiación de Fama de América, sin duda aumenta la concentración del poder económico del estado, en medio de un cuadro en el cual el sector público ha demostrado una enorme incompetencia para mejorar el funcionamiento de las empresas que expropia, embarga o, simplemente, confisca[50].

---

[49] Aunque hemos visto que sí está contemplada en la Ley para la Defensa en el Acceso a los Bienes y Servicios.

[50] Es interesante destacar aquí que el Estado ha recurrido a figuras innominadas y muy cuestionables, por decir lo menos, para hacerse del control de empresas privadas, sin usar la figura de la expropiación, que como hemos visto es una institución regulada y que conlleva una serie de garantías para el expropiado. Por ejemplo, citamos aquí sentencia del Juzgado Cuarto de Primera Instancia en lo civil, mercantil y del

6. Lamentablemente, los problemas de desabastecimiento no se resuelven con la intervención arbitraria del Estado y los atropellos a la propiedad privada. Al Estado le corresponde crear y fomentar el ambiente propicio para que se dé la competencia y se eleve la producción y la productividad. El Estado, en vez de cumplir con esta obligación fundamental, se dedica a cercar cada vez más la iniciativa particular; sin contar con que, incluso habiendo pagado el Estado la justa indemnización que se adeuda como consecuencia de la expropiación (que no es el caso para FAMA DE AMÉRICA hasta la fecha), esto no es eficiente económicamente hablando porque en lugar de usar esos recursos financieros en pagar a los particulares, debería invertirlos en la resolución de otros problemas y en la ejecución de sus funciones públicas y no jugar al empresario.
7. Todo esto confirma de manera contundente el abuso de la facultad expropiatoria por parte del Estado en los últimos tiempos, sin contar con las dudas que surgen sobre si, con tales medidas, se ha alcanzado algún tipo de eficiencia económica, tal y como debe perseguir la expropiación como excepción al derecho de propiedad.

tránsito de la Circunscripción Judicial del estado Aragua, de fecha 23 de agosto de 2013, donde en la decisión de una medida de amparo sobre el derecho a la vivienda, se decreta una intervención temporal de la empresa, y se designa como "Veedor" al Gobernador del Estado Aragua y se le otorgan amplísimas facultades para la administración y disposición de la empresa.

CAPÍTULO III:
EL CASO CONOCOPHILLIPS

El segundo de los casos que estudiaremos en esta obra es el referido a la empresa CONOCOPHILLIPS. Particularmente, en cuanto a las inversiones que ella realizó en Venezuela en los proyectos petroleros conocidos como "Hamaca", "Petrozuata" y "Corocoro".

Concluiremos el estudio de este caso haciendo una reseña de la decisión preliminar emanada del Centro Internacional de Arreglo de Diferencias relativas a Inversiones (CIADI), de fecha 4 de septiembre de 2013, a través de la cual se declaró que Venezuela no actuó de buena fe en esta expropiación.

I. EL CONTEXTO DE LA EXPROPIACIÓN

CONOCOPHILLIPS es la compañía estadounidense de exploración y producción petrolera independiente más grande del mundo, con ingresos anuales aproximados de 55 billones de dólares de los Estados Unidos de América, un total de 117 billones de dólares de los Estados Unidos de América en activos y aproximadamente 17.800 empleados[51].

Esta empresa, que posee operaciones en veinticinco países distribuidos entre los cinco continentes, llevaba a cabo parte de sus actividades en el territorio venezolano. Claro está, hasta que fueron expropiadas sus inversiones.

No obstante, antes de adentrarnos en este proceso de expropiación hemos de recordar que, en 1975, el Congreso de la República de Venezuela promulgó la *Ley Orgánica que Reserva*

---

[51] Información tomada de www.conocophillips.com (en inglés) [consultado: 11 de diciembre de 2015].

al Estado la Industria y el Comercio de los Hidrocarburos[52], en virtud de la cual "por razones de conveniencia nacional" se reservó al Estado "todo lo relativo a la exploración del territorio nacional en busca de petróleo, asfalto y demás hidrocarburos; a la explotación de yacimientos de los mismos, a la manufactura o refinación, transporte por vías especiales y almacenamiento; al comercio interior y exterior de las sustancias explotadas y refinadas, y a las obras que su manejo requiera" (artículo 1)[53].

Con motivo de lo anterior, por decreto presidencial N° 1.123 se creó la empresa Petróleos de Venezuela, S.A. (PDVSA)[54] que, junto con sus subsidiarias, desarrolló las actividades de la industria petrolera sin participación del capital privado por aproximadamente 15 años.

Esta situación se mantuvo hasta adentrados los años '90 cuando se produjo la llamada "apertura petrolera" que trajo como consecuencia la participación del sector privado -con énfasis en los extranjeros- en la explotación de esta actividad, y, sobre todo, en la Faja del Orinoco; ya que en ella se encuentra un petróleo extra pesado que requiere grandes inversiones para su extracción y procesamiento.

Para facilitar estas inversiones, Venezuela llevó a cabo reformas económicas tales como la reducción de la alícuota del

---

52 Publicada en la *Gaceta Oficial* N° 1.769 Extraordinario del 29 de agosto de 1975.

53 Sobre la nacionalización petrolera en general véase Brewer-Carías, Allan (1981). "Aspectos organizativos de la industria petrolera nacionalizada en Venezuela" en *Archivo de derecho público y ciencias de la administración 1972-1979: régimen jurídico de las nacionalizaciones en Venezuela. Homenaje al Profesor Antonio Moles Caubet*. Publicaciones de la Facultad de Derecho de la UCV, Caracas.

54 Publicado en la *Gaceta Oficial* N° 1.770 Extraordinario del 30 de agosto de 1975.

impuesto sobre la renta (del 67,7% al 30%) y la reducción temporal de la alícuota de regalías aplicable[55].

Los proyectos expropiados a los que nos hemos referido, y que reseñamos de seguida, fueron parte de este proceso de apertura petrolera:

1. Petrozuata: El proyecto Petrozuata en la Faja del Orinoco tenía por objeto producir, transportar y mejorar petróleo pesado y extra pesado, y comercializar y vender el petróleo crudo mejorado y otros subproductos por un plazo de 35 años.

   CONOCOPHILLIPS era titular del 50,1% del proyecto y PDVSA del 49,9% restante. Asimismo, el régimen acordado para CONOCOPHILLIPS era de 34% en materia de impuesto sobre la renta y 1% en materia de regalías.

   Petrozuata inició producción y realizó sus primeras ventas comerciales el 12 de abril de 2001, comenzando, en ese momento, los 35 años de duración acordada.

2. Hamaca: El Proyecto Hamaca era también un plan integrado verticalmente en materia de petróleo pesado en la Faja del Orinoco, cuyo objeto era extraer y producir crudo por un plazo de 40 años desde la suscripción del acuerdo.

   En este caso, CONOCOPHILLIPS era titular del 40% del proyecto, y PDVSA y Chevron de un 30% cada una. Para los inversores extranjeros se acordó que además de pagar el 34% del impuesto sobre la renta, en materia de regalías, se estableció que la misma sería del 1% hasta que se produjera la recuperación de la inversión y luego esta se incrementaría hasta alcanzar el 16%.

   Hamaca empezó el desarrollo y producción de petróleo de crudo extra pesado en octubre de 2001 y la pro-

---

55 Véase la *Ley de Impuesto Sobre la Renta*, publicada en la *Gaceta Oficial* N° 4.300 Extraordinario del 13 de agosto de 1991.

ducción de crudo mejorado en octubre de 2004. El proyecto terminaría entonces, según lo acordado, en julio de 2037.

3. Corocoro: Finalmente, el Proyecto Corocoro era un proyecto costa afuera (*off shore*) para la extracción de crudo liviano a mediano por 39 años, sobre la base de un convenio de participación en las ganancias.

   En este proyecto CONOCOPHILLIPS sería el titular del 32,2% del mismo mientras que el porcentaje restante se distribuía entre PDVSA, a través de la CVP, (35%), ENI (25%) y otro inversor (7%).

   En total, CONOCOPHILLIPS invirtió 650 millones de dólares de los Estados Unidos de América, pero la producción no había comenzado cuando se produjo la expropiación y se transfirió el Proyecto a PDVSA el 1 de mayo de 2007.

II. LA EXPROPIACIÓN COMO POLÍTICA DE ESTADO

Es innegable el intenso ejercicio de la potestad expropiatoria del Estado venezolano en los últimos tiempos, tal como indicamos en capítulos anteriores.

El sector petrolero no se ha visto exceptuado de esta ola expropiatoria, y, así, 60 empresas de actividades petroleras complementarias (transporte, inyección de agua, vapor o gas) en el lago de Maracaibo han sido expropiadas.

En igual sentido, el 26 de febrero de 2007 se dictó el Decreto con Rango, Valor y Fuerza de Ley que estableció la "Migración a Empresas Mixtas de los Convenios de Asociación de la Faja Petrolífera del Orinoco, así como de los Convenios de Exploración a Riesgo y Ganancias Compartidas"[56] (decreto de nacionalización), que ordenó la transformación de esas asociaciones –y como fue el caso de los tres proyectos aquí analizados– en sociedades mixtas donde PDVSA (o cualquier empresa

---

[56] Publicado en la *Gaceta Oficial* N° 38.632 del 26 de febrero de 2007.

controlada por ella) sería el titular de al menos 60% de las acciones; otorgando a las empresas extranjeras, como en el caso de CONOCOPHILLIPS, un plazo hasta el 26 de junio de 2007 para acordar los términos y condiciones de su participación en las nuevas empresas mixtas.

Llegado ese plazo, no se produjo un acuerdo entre PDVSA y CONOCOPHILLIPS, por lo que la primera asumió el control de los proyectos, materializándose así la expropiación.

III. DEMANDA ANTE EL CIADI

En virtud de esta expropiación, el 13 de diciembre de 2007, ConocoPhillips Petrozuata b.v, ConocoPhillips Hamaca b.v., ConocoPhillips Gulf of Paria b.v. y ConocoPhillips Company inician un procedimiento de arbitraje ante el CIADI (caso CIADI-N°ARB/07/30) contra la República Bolivariana de Venezuela.

Al respecto, resulta prudente recordar que el CIADI es una institución del Banco Mundial especialmente diseñada para propiciar la solución de disputas entre gobiernos y nacionales de otros Estados; siendo una de sus finalidades dotar a la comunidad internacional con una herramienta capaz de promover y brindar seguridad jurídica en los flujos de inversión internacionales.

Este centro se creó como consecuencia del Convenio sobre Arreglo de Diferencias Relativas a Inversiones entre Estados y Nacionales de Otros Estados que entró en vigor en 1966[57].

Venezuela firmó este Convenio el 18 de agosto de 1993, publicándose su ley aprobatoria el 3 de abril de 1995 en la *Gaceta Oficial* N° 35.685.

---

[57] Información tomada de www.icsid.worldbank.org (en inglés) [consultado: 11 de diciembre de 2015].

1. Los hechos

El 13 de noviembre de 2001, se dictó en Venezuela un nuevo *Decreto con Fuerza de Ley Orgánica de Hidrocarburos*[58] que estableció que las compañías privadas solo podían participar en proyectos petroleros a través de sociedades mixtas, en las que el Estado tendría la participación mayoritaria. Adicionalmente, esta ley fijó la alícuota de regalía en 30%.

El 26 de abril de 2005, se informó a CONOCOPHILLIPS que a partir del 1 de mayo de 2005 se permitiría la producción superior a 120 mil barriles de petróleo y hasta 145 mil, pero se aplicaría una alícuota de regalía del 30% a esa producción adicional.

El 16 de mayo de 2006, la Asamblea Nacional aprobó la *Ley de Reforma Parcial del Decreto con Fuerza de Ley Orgánica de Hidrocarburos*[59] que estableció un nuevo impuesto de extracción de un tercio del valor de la totalidad de hidrocarburos extraídos.

Esto aumentó la alícuota de regalía vigente, aplicable a los tres proyectos aquí estudiados, a 33,5%.

El 29 de agosto de 2006, la Asamblea Nacional aprobó la *Ley de Reforma Parcial de la Ley de Impuesto sobre la Renta*[60] que aumentó este impuesto para proyectos de petróleo ultra pesado de 34% a 50% a partir del 1 de enero de 2007.

Como señaláramos *supra*, en virtud del Decreto Ley, de fecha 26 de febrero de 2007, sobre la "migración a empresas mixtas de los convenios de asociación de la faja petrolífera del Orinoco, así como de los convenios de exploración a riesgo y ganancias compartidas" (decreto de nacionalización), se ordenó la transformación de esas asociaciones en sociedades mixtas, donde PDVSA (o cualquier empresa controlada por ella)

---

[58] Publicado en la *Gaceta Oficial* N° 37.323 del 13 de noviembre de 2001

[59] Publicada en la *Gaceta Oficial* N° 38.443 del 24 de mayo de 2006.

[60] Publicada en la *Gaceta Oficial* N° 38.529 del 25 de septiembre de 2006.

sería el titular de al menos 60% de las acciones; otorgando a las empresas extranjeras, como en el caso de CONOCOPHILLIPS, hasta el 26 de junio de 2007 para acordar los términos y condiciones de su participación en las nuevas empresas mixtas.

El 1 de mayo de 2007, al no haberse llegado a un acuerdo, PDVSA asumió el control material de las operaciones de los Proyectos Petrozuata, Hamaca y Corocoro.

El 26 de junio de 2007, fecha límite para acordar los términos de conversión en empresa mixta, aún no se había producido ningún convenio en cuanto a la participación de CONOCOPHILLIPS.

El 8 de octubre de 2007, la Asamblea Nacional publicó la *Ley sobre los Efectos del Proceso de Migración a Empresas Mixtas de los Convenios de Asociación de la Faja Petrolífera del Orinoco, así como de los Convenios de Exploración a Riesgo y Ganancias Compartidas*[61].

La transferencia de los proyectos ya se había producido, pero no se dispuso ninguna indemnización para CONOCOPHILLIPS como consecuencia de la expropiación.

2. Petitorio de los demandantes

CONOCOPHILLIPS en su demanda ante el CIADI pidió declarar que la expropiación de los proyectos constituye una violación por parte de Venezuela del artículo 11 de la *Ley sobre Promoción y Protección de Inversiones*[62] (en lo sucesivo Ley de Inversiones) y el artículo 6 del *Tratado Bilateral de Protección de Inversiones con los Países Bajos*[63], (en lo sucesivo "el Tratado").

El artículo 11 de la Ley de Inversiones reza:

---

61 Publicada en la *Gaceta Oficial* N° 38.785 del 8 de octubre de 2007.

62 Publicada en la *Gaceta Oficial* N° 5.390 Extraordinario del 22 de octubre de 1999.

63 Cuya ley aprobatoria fue publicada en la *Gaceta Oficial* N° 35.269 del 6 de agosto de 1993.

Artículo 11. No se decretarán ni ejecutarán confiscaciones, sino en los casos de excepción previstos por la Constitución; y en cuanto a las inversiones e inversionistas internacionales, por el derecho internacional. Sólo se realizarán expropiaciones de inversiones, o se aplicarán a éstas medidas de efecto equivalente a una expropiación, por causa de utilidad pública o de interés social, siguiendo el procedimiento legalmente establecido a estos efectos, de manera no discriminatoria y mediante una indemnización pronta, justa y adecuada.

La indemnización será equivalente al justo precio que la inversión expropiada tenga inmediatamente antes del momento en que la expropiación sea anunciada por los mecanismos legales o hecha del conocimiento público, lo que suceda antes. La indemnización, que incluirá el pago de intereses hasta el día efectivo del pago, calculados sobre la base de criterios comerciales usuales, se abonará sin demora.

Parágrafo Único: Las indemnizaciones a que haya lugar con motivo de expropiaciones de inversiones internacionales serán abonadas en moneda convertible y serán libremente transferibles al exterior.

Y el artículo 6 del Tratado establece:

Ninguna de las Partes Contratantes tomará medida alguna para expropiar o nacionalizar las inversiones de nacionales de la otra Parte Contratante, ni tomará medidas que tuvieren un efecto equivalente a la nacionalización o expropiación en relación a tales inversiones, salvo que cumplan las siguientes condiciones:

(a) dichas medidas se tomarán en el interés público y de acuerdo al debido procedimiento jurídico;

(b) las medidas no serán discriminatorias o contrarias a ningún compromiso asumido por la otra Parte Contratante que las tome;

(c) las medidas se tomarán previa justa compensación. Tal compensación representará el valor del mercado de las inversiones afectadas inmediatamente antes de tomarse las medidas o antes de que las medidas inminentes se hagan de conocimiento público, cualquiera que ocurra antes; incluirá intereses a una tasa comercial normal hasta la fecha de pago, y a fin de hacerse efectivo para los reclamantes, será pagada

> y hecha transferible sin demora indebida, al país designado por los reclamantes interesados y en la moneda del país del que los reclamantes interesados son nacionales o en cualquier moneda de libre convertibilidad aceptada por los reclamantes. (Énfasis añadido).

Asimismo, demandaron declarar que no se otorgó trato justo y equitativo, seguridad y protección a las inversiones de CONOCOPHILLIPS en Venezuela, al tomar medidas arbitrarias y discriminatorias que violaron los artículos 1 y 6 de la Ley de Inversiones y el artículo 3 del Tratado.

Es decir, las siguientes disposiciones de la Ley de Inversiones:

> Artículo 1. Este Decreto-Ley tiene por objeto proveer a las inversiones y a los inversionistas, tanto nacionales como extranjeros, de un marco jurídico estable y previsible, en el cual aquéllas y éstos puedan desenvolverse en un ambiente de seguridad, mediante la regulación de la actuación del Estado frente a tales inversiones e inversionistas, con miras a lograr el incremento, la diversificación y la complementación armónica de las inversiones en favor de los objetivos del desarrollo nacional.
>
> Artículo 6. Las inversiones internacionales tendrán derecho a un trato justo y equitativo, conforme a las normas y criterios del derecho internacional y no serán objeto de medidas arbitrarias o discriminatorias que obstaculicen su mantenimiento, gestión, utilización, disfrute, ampliación, venta o liquidación.

Y del Tratado:

> Artículo 3
>
> 1) Cada Parte Contratante garantizará un trato justo y equitativo a las inversiones pertenecientes a nacionales de la otra Parte Contratante y no obstaculizará mediante medidas arbitrarias o discriminatorias la operación, administración. Mantenimiento, utilización, disfrute o disposición de las mismas por tales nacionales.
>
> 2) Más particularmente, cada Parte Contratante otorgará a tales inversiones plena seguridad física y protección, la cual no será en ningún caso inferior a la otorgada a las inversio-

nes de sus propios nacionales o a inversiones de nacionales de cualquier tercer Estado, lo que sea más favorable al nacional interesado.

3) Si una Parte Contratante ha otorgado ventajas especiales a los nacionales de cualquier tercer Estado en virtud de convenios que establecen uniones aduaneras, uniones económicas, uniones monetarias o instituciones similares, o en virtud de convenios internos que conducen a tales uniones o instituciones, dicha Parte Contratante no estará obligada a otorgar tales ventajas a los nacionales de la otra Parte Contratada.

4) Cada Parte Contratante cumplirá cualesquiera obligaciones que pudiera haber asumido respecto al trato de inversiones pertenecientes a nacionales de la otra Parte Contratante. Si las disposiciones de las leyes de cualquiera de las Partes Contratante, o las obligaciones bajo el derecho internacional, vigente en la actualidad o establecidas en lo sucesivo entre las Partes Contratantes, además del presente Convenio, dispusieren una reglamentación, de carácter general o específica, que acuerde a las inversiones pertenecientes a los nacionales de la otra Parte Contratante un trato más favorable que el previsto por el presente Convenio en la medida en que sea más favorable.

Y que se ordenase a Venezuela el pago de daños y perjuicios a CONOCOPHILLIPS por violación a la Ley de Inversiones y al Tratado. Estos daños y perjuicios incluyen, entre otros, los ingresos perdidos como resultados de pagos fiscales excesivos, ingresos perdidos por sus participaciones en los Proyectos y la pérdida total de sus participaciones propiamente dichas en los Proyectos.

Finalmente, demandaron ordenar a Venezuela el abono de costas y gastos del arbitraje, incluidos los honorarios legales y de expertos.

3. La defensa de la demandada

En esta causa Venezuela ha basado su defensa en la falta de jurisdicción del CIADI y que la cuantía total de la compensación con respecto a los tres proyectos no debe exceder los 583 millones de dólares de los Estados Unidos de América con intereses simples, y que los demandantes deben reembolsar a la demandada todos los costos y gastos razonables del arbitraje, incluyendo los honorarios de sus abogados.

4. La decisión preliminar

En cuanto a la jurisdicción, en la decisión preliminar se indicó que las partes concuerdan en que, en virtud del artículo 4 del Convenio CIADI, el Tribunal resolverá su propia competencia. En tal sentido el Tribunal analizó su competencia desde el punto de vista de la Ley de Inversiones y desde el punto de vista del Tratado.

Por lo que respecta a la Ley de Inversiones, el Tribunal indició que debía decidir si, al promulgar el artículo 22 de la Ley de Inversiones, Venezuela había prestado su consentimiento a la jurisdicción CIADI[64].

Al respecto, el artículo en cuestión indica que "(...) las controversias respecto de las cuales sean aplicables las disposiciones (...) del Convenio sobre Arreglo de Diferencias relativas a Inversiones entre Estados y nacionales de otros Estados (CIADI), serán sometidas a arbitraje internacional en los términos del respectivo tratado o acuerdo, si así lo establece (...)".

El argumento de la demandada es que el Convenio CIADI no establece en sí mismo el arbitraje internacional, mientras que las demandantes alegan que el CIADI prevé el arbitraje internacional y, por lo tanto, contiene en sí mismo todos los elementos necesarios para un arbitraje.

---

[64] En fecha 17 de octubre de 2008 la Sala Constitucional del Tribunal Supremo de Justicia de Venezuela dictó sentencia en un recurso de interpretación del artículo 258 de la Constitución de la República Bolivariana de Venezuela, en cuanto a este mismo punto y concluyó que el texto en sí, así como la suscripción de tratados como el del CIADI, no implican por sí solos el consentimiento de someterse a un arbitraje. Véase para más detalles www.tsj.gov.ve/decisiones/scon/octubre/1541-171008-08-0763.htm [consultado: 11 de diciembre de 2015].

El Tribunal determinó que el hecho de que el Convenio CIADI prevea el arbitraje internacional no basta para considerar que Venezuela ha prestado su consentimiento para tal arbitraje, pues este consentimiento debe ser expreso, claro y específico, es decir, inequívoco.

Por lo tanto, el Tribunal no goza de competencia con base al artículo 22 de la Ley de Inversiones.

Visto lo anterior se hacía necesario conocer lo previsto en el Tratado Bilateral de Protección de Inversiones entre Venezuela y los Países Bajos -específicamente, su artículo 9- dado que las demandantes alegan que son nacionales holandesas y, por lo tanto, estarían cubiertas por el artículo 1(b) del Tratado ya que la controversia involucra inversiones autorizadas en Venezuela en los términos de los artículo 1(a) y 9(1) y que hay una controversia en materia de inversión con base en el artículo 9(1).

La demandada, por su parte, alegó que las compañías son sociedades de conveniencia constituidas en Holanda solo para hacer *forum shopping*[65]; que las inversiones son indirectas y por lo tanto no son subsumibles en la definición del Tratado; y que las reclamaciones en cuanto al impuesto de extracción promulgado en mayo de 2006 y a la modificación del impuesto sobre la renta de agosto de 2006, se produjeron antes de que las demandantes se constituyesen en Holanda.

Con respecto al argumento de *forum shopping*, el Tribunal analizó los alegatos y concluyó que es evidente que CONOCOPHILLIPS tenía la intención de llevar adelante los proyectos y que no hizo su registro corporativo en Holanda con el Tratado de Protección de Inversiones en mente, ya que luego de ese cambio corporativo CONOCOPHILLIPS invirtió aproximadamente 434 millones de dólares de los Estados Unidos de América en los tres proyectos. Asimismo, tampoco se encontraron

---

[65] Elegir la jurisdicción más favorable o conveniente a sus intereses.

pruebas de que el cambio estructural y organizativo de las demandantes respondiese al ánimo de defraudar.

En cuanto a la segunda defensa de la demandada, sobre inversiones indirectas por tratarse las demandantes de empresas holandesas titulares de esas inversiones, a través de sus subsidiarias, el Tribunal se basó en el texto mismo del artículo 1 del Tratado que contiene una definición amplia de "inversión" de forma tal que dicha definición incluye todo tipo de inversión, por lo que, en consecuencia, se descarta así la defensa de la demandada.

Finalmente, por lo que atañe al argumento de las reclamaciones en cuanto al impuesto de extracción promulgado en mayo de 2006, el mismo fue aceptado por el Tribunal para la empresa CONOCOPHLLIPS Hamaca B.V, por no haber esta estado registrada en Holanda en la fecha de la modificación, pero en relación con la modificación del impuesto sobre la renta de agosto de 2006, como dicha modificación entró en vigencia el 1 de enero de 2007, se considera que la misma es aplicable a todas las demandantes, incluyendo CONOCOPHLLIPS Hamaca B.V., porque ya estaban legalmente registradas en Holanda.

En consecuencia, el Tribunal concluyó que sí tenía jurisdicción para todas las demandantes, con base en el artículo 9 del Tratado con respecto al aumento de la alícuota del impuesto sobre la renta que entró en vigencia el 1 de enero de 2007 y con respecto a la expropiación y para todas las demandantes, excepto CONOCOPHLLIPS Hamaca B.V., en cuanto al incremento del impuesto de extracción.

En cuanto al fondo del asunto, el Tribunal notó que las demandantes basaron sus reclamos en el incumplimiento de la obligación de trato justo y equitativo a sus inversiones, según los artículos 3 y 4 del Tratado. Más particularmente, en el incumplimiento de la obligación de la parte contratante de otorgar a esas inversiones plena seguridad física, trato justo y equitativo y protección, y recibir además trato nacional (TN) y trato de nación más favorecida (NMF).

Al respecto hemos de indicar que el TN busca la no discriminación, en virtud de lo cual, quien lo asume, se compromete a dispensar un trato no menos favorable a la inversión extranjera que aquel que dispense a las inversiones nacionales; mientras que la disposición de NMF es el otro principio básico de no discriminación que implica que se otorgará a la inversión un trato no menos favorable que el acordado al inversor de cualquier otro país[66].

Ahora bien, el artículo 3 establece que a esas inversiones se les debe dar plena seguridad física, trato justo y equitativo y una protección que no sea inferior a TN ni a NMF.

Asimismo, el artículo 4 establece que cada Parte Contratante, en relación con los impuestos, derechos y desgravámenes o exenciones fiscales, le otorgará a los nacionales de la otra Parte Contratante TN y NMF.

Visto lo anterior, el Tribunal interpretó que en materia de tributación, derechos, cargas, desgravámenes y exenciones fiscales, las mismas están sujetas solo a las obligaciones establecidas en el artículo 4. Es decir, solo a TN y NMF, y no a la obligación de trato justo y equitativo del artículo 3.

Consecuentemente, las modificaciones introducidas en la legislación venezolana en materia de impuestos, derechos, cargas, desgravámenes y exenciones fiscales, al no estar cubiertas por el artículo 3, no pueden, lógicamente, haber violado esa disposición.

Por otra parte, se destacó que las demandantes reconocieron que el artículo 4 no fue violentado por dichos cambios legislativos, así que el Tribunal no continuó analizando este punto.

En cuanto al alegato de las demandantes sobre que, entre 2005 y 2006, Venezuela abrogó sus compromisos respecto del

---

66 Véase Sánchez Miralles, Samantha. "Acuerdo general sobre el Comercio de Servicios (GATS): su influencia en la Legislación Venezolana" en *Revista de Derecho Internacional Económico*, Vol. 1, N° 1, 1996, p. 17 y ss.

régimen fiscal aplicable a los proyectos -básicamente debido a la implantación de un nuevo impuesto de extracción de un tercio del valor de todos los hidrocarburos extraídos, es decir, que este impuesto funciona como una regalía y, por lo tanto, la estructura fiscal en donde la regalía era del 1% durante 9 años y luego de un máximo de 16,6%, (base de la inversión de CONOCOPHILLIPS), fue desmantelada con este impuesto de extracción que se tradujo en una regalía del 33% (1/3), al que se suma la modificación de la *Ley de Impuesto Sobre la Renta* para proyectos de petróleo extra pesado del 34 al 50% a partir del 1 de enero de 2007- el Tribunal concluyó que las regalías son tratadas por la legislación venezolana como un impuesto[67], por lo tanto caen solo dentro del artículo 4, el cual las demandantes aceptan que no fue violado por la demandada.

Asimismo, las demandantes arguyeron la violación del artículo 6 del Tratado según el cual:

> Ninguna de las Partes Contratantes tomará medida alguna para expropiar o nacionalizar las inversiones nacionales de la otra Parte Contratante, ni tomará medidas que tuvieren un efecto equivalente a la nacionalización o expropiación en relación a tales inversiones, salvo que se cumplan las siguientes condiciones:
>
> (a) dichas medidas se tomarán en el interés público y de acuerdo con el debido procedimiento jurídico;
>
> (b) las medidas no serán discriminatorias o contrarias a ningún compromiso asumido por la Parte Contratante que las tome;
>
> (c) las medidas se tomarán previa justa compensación. Tal compensación representará el valor del mercado de las inversiones afectadas inmediatamente antes de tomarse las medidas o antes de que las medidas inminentes se hagan de

[67] Conforme a Aníbal Martínez, la regalía es un tributo debido al estado por el derecho de explotación, a manera de compensación por el agotamiento de los depósitos de hidrocarburos. No es un impuesto, el tratamiento contable correcto de la regalía es el de costo. (véase *Diccionario del petróleo venezolano*. Editorial Ateneo de Caracas, Caracas, 1997).

> conocimiento público, cualquiera que ocurra antes; incluirá intereses a una tasa comercial normal hasta la fecha de pago y a fin de hacerse efectivo para los reclamantes, será pagada y hecha transferible sin demora indebida, al país designado por los reclamantes interesados y en la moneda del país del que los reclamantes interesados son nacionales o en cualquier moneda de libre convertibilidad aceptada por los reclamantes.

Argumentan pues que la expropiación de los proyectos no fue realizada de manera lícita ya que, si bien no cuestionan la prerrogativa de expropiar de la demandada, sí argumentan que esta prerrogativa debe ser legítima y no contraria a los compromisos asumidos por la demandada, y que, además, el expropiado debe ser compensado adecuadamente conforme con el estándar de valor de mercado de las inversiones realizadas inmediatamente antes de que ocurra la expropiación o antes de que la misma se haga pública. Por lo que el cálculo de esa compensación debe hacerse a la fecha del laudo.

Sobre este tema la demandada sostuvo que la expropiación fue lícita y que en todo caso el valor de la compensación debe ser el valor calculado a la fecha de la expropiación.

En cualquier caso, el Tribunal explicó que "(...) toda vez que existe una relación específica y una relación negociada entre el Estado y el inversionista extranjero sobre la base de la cual ocurre la inversión, el inversionista extranjero (...) se compromete y realiza inversiones, la consecuencia no es (...) una reversión del principio de soberanía sino que hay una legítima expectativa que debe ser respetada"[68].

Así, en el caso que nos ocupa, el Tribunal encontró que no hay promesas violadas por parte de la demandada en los términos del artículo 6, sino, en todo caso, en cuanto a trato justo y equitativo (contemplado en el artículo 3 del Tratado), que, como ya hemos señalado, no aplica aquí por tratarse de medidas en materia impositiva cubiertas exclusivamente por el ar-

[68] Punto 345 del laudo.

tículo 4 que no ha sido violado, como lo admiten expresamente las demandantes.

De seguidas, el Tribunal entra a analizar si las medidas adoptadas por la demandada entre 2004 y 2007 constituyen una expropiación única ilícita considerando que este alegato no es sostenible en los hechos porque las medidas solo eran revisiones de medidas ya adoptadas y se presume la actuación de buena fe de parte de la demandada.

Finalmente, las demandantes plantearon que, en las negociaciones en materia de compensación por la expropiación, se violó la buena fe consagrada en el artículo 6 del Tratado; entendida esta última como la rectitud y honradez en el proceder o el actuar de manera justa y sincera con buena intención[69].

En tal sentido, el Tribunal concluyó que Venezuela NO actuó de buena fe en las negociaciones de compensación, ya que nunca realizó una oferta de compensación para el proyecto Corocoro, ni se presentaron indicios de que en las negociaciones se ofreciera alguna fórmula de compensación para los proyectos Petrozuata y Hamaca, todo esto cuando hemos visto que el artículo 6 del Tratado plantea la compensación antes de la expropiación o de su anuncio (lo que ocurra primero).

Incluso, podría argumentarse que se trata de una expropiación sancionatoria[70] al no haberse generado compensación, aunque este punto no se ventila en el arbitraje bajo comento.

Basada en decisiones previas del Tribunal, frente a la defensa de la demandada de que el valor de compensación debe ser el de la fecha de la expropiación, el Tribunal decidió que la fecha de cálculo de la compensación debió ser la fecha del laudo para así, evidentemente, proteger el valor de la inversión y

---

[69] Véase Cabanellas, Guillermo. *Diccionario Enciclopédico de Derecho usual*, T. I, Editorial Heliasta, Buenos Aires, 1981, p. 521.

[70] En cuanto a la expropiación sancionatoria véase Sánchez Miralles, Samantha. *Expropiación de marca en Venezuela... Op. cit.*

acercar el monto más hacia la restitución del equilibrio económico que persigue la indemnización en la expropiación.

Finalmente, en cuanto a las costas, el Tribunal se reservó su consideración para una fase posterior del arbitraje.

5. Puntos a destacar en la decisión preliminar

Empecemos recordando que la expropiación es una institución de derecho público mediante la cual el Estado actúa en beneficio de una causa de utilidad pública o de interés social, con la finalidad de obtener la transferencia forzosa del derecho de propiedad o algún otro derecho de los particulares, a su patrimonio, mediante sentencia firme y pago oportuno de justa indemnización[71].

Esta institución no debe confundirse con la confiscación, que es el apoderamiento por parte del Estado de bienes que pertenecen a los particulares en forma coactiva y sin derecho a indemnización. La confiscación está prohibida por nuestra Constitución en su artículo 116[72].

La expropiación no es el resultado de un acuerdo de voluntades, sino de una decisión unilateral de la Administración y es por ello que, en las relaciones derivadas de la expropiación, el Estado actúa en ejercicio de atributos de imperio. Es decir, investido de supremacía, en representación del interés gene-

---

71 Definición de la Ley de Expropiación por Causa de Utilidad Pública o Interés Social, publicada en la *Gaceta Oficial* N° 37.475 del 1 de julio de 2002.

72 El artículo señalado indica textualmente que "no se decretarán ni ejecutarán confiscaciones de bienes sino en los casos permitidos por esta Constitución. Por vía de excepción podrán ser objeto de confiscación, mediante sentencia firme, los bienes de personas naturales o jurídicas, nacionales o extranjeras, responsables de delitos cometidos contra el patrimonio público, los bienes de quienes se hayan enriquecido ilícitamente al amparo del Poder Público y los bienes provenientes de las actividades comerciales, financieras o cualesquiera otras vinculadas al tráfico ilícito de sustancias psicotrópicas y estupefacientes".

ral[73], y así lo reconocen ambas partes en este caso. De hecho, vimos que en el caso en cuestión no se cuestiona la expropiación en sí misma, sino el modo de proceder, la no indemnización y la falta de buena fe a lo largo del proceso.

Destacamos aquí, entre los elementos de la expropiación, el pago oportuno de una justa indemnización, por ser uno de los puntos clave discutidos en el caso que nos ocupa. La indemnización es el monto o valor que se paga para resarcir o reparar el detrimento, deterioro, daño o perjuicio causado a una persona en su integridad o bienes. Como en teoría partimos del derecho de propiedad, cuando el Estado expropia, en reconocimiento de esa garantía y de ese derecho de propiedad, este debe resarcir el equilibrio económico entre el valor del bien expropiado y las consecuencias de esa enajenación forzosa de la propiedad: esa es la indemnización[74].

El Tratado en el que se basa de la demanda ante el CIADI, en su artículo 6, confirma la procedencia de justa indemnización, y que solo el pago de la indemnización produce la traslación de la propiedad.

Sin embargo, en el caso CONOCOPHILLIPS, el Estado asumió la propiedad, con todos sus atributos sin haber pagado la debida compensación. Es decir, parecería más bien una confiscación que una verdadera expropiación al desaparecer el elemento compensatorio.

La indemnización debe ser justa y oportuna y pagada en dinero en efectivo[75]. La oportunidad, señala la Constitución, es antes de que se produzca la expropiación y esto mismo lo confirma el Tratado. De nuevo, nada de esto se cumplió en el caso que estudiamos.

La falta de buena fe es otro punto a resaltar porque, conjuntamente con la no indemnización, es realmente el único

---

73 Lares Martínez, Eloy. *Op. cit.*

74 Solano Sierra, Jairo. *Op. cit.*

75 Al respecto, remitimos a la nota al pie 28.

aspecto de fondo en donde el Tribunal encontró argumentos en el reclamo de las demandantes. Y este punto, en nuestro criterio, no solo está vinculado a las negociaciones en materia indemnizatoria, que ya hemos señalado, sino que se refiere a todo el proceso expropiatorio en su conjunto, incluyendo verbigracia el interés público que motivó la expropiación.

Otro punto interesante es que Venezuela denunció el tratado del CIADI el 24 de enero de 2012. En virtud de esta denuncia, la salida de Venezuela del CIADI se materializó seis meses después de la denuncia; es decir, el 24 de julio de 2012. Y aunque es indudable que Venezuela tenía el derecho de hacerlo, siendo que el propio instrumento establece un mecanismo para hacerlo (artículo 71), aquellos arbitrajes que estaban en curso contra la República para ese momento deben seguir adelante, estando ésta obligada a acatar las normas de procedimiento y ejecución establecidas en la Convención CIADI; como el caso que nos ocupa[76].

Finamente, la eficiencia detrás de la expropiación de los proyectos es algo cuestionable.

Citamos brevemente como ejemplo, y de manera general, cifras que evidencian que en 2013 la producción petrolera venezolana tuvo un resultado negativo durante el primer semestre, con un volumen que implica una caída promedio de 53 mil barriles diarios o 1,88% respecto a los 2.805 millones de barriles por día producidos durante el primer semestre de 2012[77]. El resultado de la extracción de crudo en ese 2013 estuvo marcado por las dificultades en la producción de la Dirección Ejecutiva Oriente de Petróleos de Venezuela, donde diversos problemas técnicos provocaron un descenso considerable en el

---

[76] Véase al respecto, Pettersson Stolk, Roland. (2012). *La Salida de Venezuela del CIADI: Sus efectos jurídicos desde el punto de vista de la Inversión Extanjera.* Disponible en http://www.badellgrau.com/?pag=17&ct=1153#sthash.NhgAU1wl.dpuf [consultado: 11 de diciembre de 2015].

[77] Información tomada de www.opec.org (en inglés) [consultado: 11 de diciembre de 2015].

bombeo incluso desde el propio año 2012. Al cierre de mayo de 2013, la producción en la Dirección Oriente rondaba los 700 mil barriles, después de que lograra estabilizarse la baja en la extracción.

Citamos también casos como la expropiación de dos equipos de entubado para reacondicionamiento de pozos a Superior Energy Services, empresa con sede en Houston que suspendió sus operaciones en Venezuela debido a la falta de pago por parte de PDVSA, y que por falta de pericia técnica PDVSA no ha sabido operar.

Así que la eficiencia, luego de realizadas estas expropiaciones, es algo que parece lejano a los objetivos y que nos hacen cuestionar la verdadera causa de utilidad pública que debe sustentar esta figura.

6. La apelación

La República de Venezuela apeló la decisión preliminar aquí estudiada y, dicha apelación, fue rechazada el 10 de marzo de 2014, ratificándose así la decisión del 4 de septiembre de 2013. Asimismo, se indicó que las partes deberán presentar un memorial sobre los daños dentro de las diez semanas siguientes a la fecha de esa decisión.

Si bien esta no es la decisión definitiva, es indudable que marca una tendencia y los puntos ya decididos en virtud de esta decisión preliminar permanecerán como definitivos (cosa juzgada) para el resto del proceso.

7. El proceso y algunas incidencias luego de la apelación

Si bien la sentencia definitiva aún no se generado, no quisiéramos dejar de reseñar algunas incidencias procesales que se han sucedido luego del rechazo de la apelación a la decisión:

Así, el 5 de mayo de 2014 el Tribunal rechazó la recusación de árbitros interpuesta por la demandada PDVSA que había solicitado remover a los miembros del tribunal arbitral, Kenneth Keith e Yves Fortier, por supuesta falta de imparcialidad.

Este pronunciamiento se reitera el 1 de julio de 2015 ante una nueva recusación de los mismos árbitros.

Por último, el 7 de enero de 2015, la demandada volvió a solicitar la reconsideración sobre la cuantía total de la compensación (*rejoinder on quantum*).

CONCLUSIONES

1. En virtud del *Decreto con Rango, Valor y Fuerza de Migración a Empresas Mixtas de los Convenios de Asociación de la Faja Petrolífera del Orinoco*, así como de los Convenios de Exploración a Riesgo y Ganancias Compartidas, del 26 de febrero de 2007, se ordenó la transformación de los proyectos en sociedades mixtas, donde PDVSA (o alguna empresa controlada por ella) sería la titular de al menos 60% de las acciones; otorgando a CONOCOPHILLIPS, hasta el 26 de junio de 2007 para acordar los términos y condiciones de su participación en las nuevas empresas mixtas. Es decir, volvimos a la política de nacionalización iniciada en 1975.
2. El acuerdo entre PDVSA y CONOCOPHILLIPS para entrar a formar una empresa mixta no se produjo dentro del plazo y, consecuentemente, PDVSA asumió los proyectos sin pagar indemnización alguna.
3. El 13 de diciembre de 2007 CONOCOPHILLIPS inició un procedimiento de arbitraje ante el CIADI contra Venezuela.
4. En fecha 4 de septiembre de 2013 se produce una sentencia parcial que confirma la jurisdicción del CIADI para el caso; declara que Venezuela no actuó de buena fe en esta expropiación; y limita la extensión de los reclamos de las demandantes al excluir los créditos tributarios futuros.
5. Venezuela, a través de PDVSA, rechazó la decisión parcial aquí reseñada y apeló; siendo tal escrito recha-

zado por el Tribunal el 10 de marzo de 2014, confirmando la decisión de septiembre de 2013.

6. Las partes han presentado argumentos y la última actuación hasta la fecha es una nueva recusación de los árbitros de la causa.

7. La decisión final del CIADI se espera para el año 2016.

8. Finalmente, y desde un punto de vista más práctico, no podemos terminar sin decir que es evidente que estamos muy lejos de la eficiencia económica en materia petrolera. Hemos regresado o, más bien, hemos reforzado la existencia de un Estado todopoderoso, regulador y paternalista en detrimento de los derechos económicos individuales. Un Estado que interviene cada vez más en todas las actividades económicas de la sociedad, sin que dicha intervención esté basada en el concepto de eficiencia económica; ya mencionamos la caída en nuestra producción petrolera, y no hablemos de las millonarias inversiones que amerita la Faja Petrolífera del Orinoco para que pueda producir eficientemente, y que sin la participación privada lucen inalcanzables[78].

9. Adicionalmente, no es poco probable que se produzcan más decisiones en contra de Venezuela, ya que, a la fecha, sólo ante el CIADI hay aproximadamente veintisiete (27) casos pendientes contra Venezuela[79].

---

78 El 12 de noviembre de 2013 el Ministro Ramírez declaró que la Faja necesita 200 mil millones de dólares para llegar a la aspirada producción de 4 millones de barriles.

79 El Universal. En el Ciadi hay 27 casos "pendientes" contra Venezuela. Disponible en http://www.eluniversal.com/eco nomia/140929/en-el-ciadi-hay-27-casos-pendientes-contra-ve nezuela [consultado: 11 de diciembre de 2015].

CAPÍTULO IV:
EL CASO CONFERRY

El último de los casos estudiados en este trabajo será la expropiación de la sociedad "Consolidada de Ferrys, C.A. (CONFERRY)" ordenada mediante Decreto N° 8.486 de fecha 27 de septiembre de 2011[80].

En tal sentido, a fines de evitar reiteraciones de conceptos ya tratados en capítulos anteriores, pasaremos al análisis concreto del caso, apoyados para este estudio en doctrina nacional e internacional, y jurisprudencia pertinente, a los fines de exponer la situación y nuestras conclusiones sobre la misma. No analizaremos la parte adjetiva del caso.

CONFERRY es una empresa familiar fundada en 1959, originalmente con el nombre de Naviera Nueva Esparta C.A, y luego en 1970, con el cambio de accionistas pasó a ser Consolidada de Ferrys C.A., mejor conocida como CONFERRY, cuyo objeto es suministrar servicio de transporte marítimo desde y hacia la Isla de Margarita y tierra firme, impulsando el desarrollo de la economía insular, y persiguiendo que hubiese una comunicación fluida y confiable entre Margarita y tierra firme.

En 1999, con el fallecimiento de su fundador, Fucho Tovar, CONFERRY invierte aproximadamente 80 millones de dólares en la compra de dos naves, los ferrys más avanzados de la actual flota.

Con la adquisición de estos, se inicia por un tiempo la ruta La Guaira-Margarita. La empresa no solo realiza transporte marítimo, sino que efectúa estrategias de mercadeo y servicios para constituirse como la compañía naviera de turismo por

---

[80] Publicado en la *Gaceta Oficial* N° 39.766 del 27 de septiembre de 2011.

excelencia de Venezuela. Se implementó la tecnología de información, a través de la página web www.conferry.com, venta de boletos por vía telefónica y consulta de inquietudes. Adicionalmente, refrescó su imagen, con nuevas fachadas corporativas, logotipo nuevo y se convirtió en el patrocinador de varios equipos deportivos venezolanos[81]. Al momento de la expropiación, CONFERRY transportaba el 66% de los pasajeros que llegaban por vía marítima a Margarita[82].

I. OBJETO DE LA EXPROPIACIÓN

El 27 de septiembre de 2011, mediante Decreto N° 8.486, se declaró la afectación de todos los bienes tangibles e intangibles, muebles e inmuebles y bienhechurías (en lo sucesivo los BIENES), propiedad de la sociedad mercantil Consolidada de Ferrys C.A. (CONFERRY) y en consecuencia la adquisición forzosa de los mismos.

El Decreto se basó en el artículo 236 de la Constitución, en concordancia con el artículo 115 de la misma, el artículo 5 de la LECUP y el artículo 6 de la *Ley para la Defensa de las Personas en el Acceso a los Bienes y Servicios*, así como en el artículo 6 del *Decreto con Rango, valor y Fuerza de Ley Orgánica de los Espacios Acuáticos*[83].

Además del decreto expropiatorio ya citado, se dictaron luego las siguientes regulaciones:

---

81 El Mundo. *Expropiación de Conferry termina 52 años de una empresa familiar.* Disponible en http://www.elmundo.com.ve/noticias/economia/politicas-publicas/expropiacion-de-conferry-termina-52-anos-de-una-em.aspx#ixzz2dreuwEI8 [consultado: 11 de diciembre de 2015].

82 El Mundo. *Corpotur afirma que "a Conferry no la expropiaron; la confiscaron".* Disponible en http://www.elmundo.com.ve /noticias/economia/empresas/corpotur-afirma-que--a-con ferry-no-la-expropiaron; aspx#ixzz2dredt6hK [consultado:11 11 de diciembre de 2015].

83 Publicado en la *Gaceta Oficial* N° 5.890 Extraordinario del 31 de julio de 2008.

1. Resolución mediante la cual se establece que la Comisión Administradora Temporal para la afectación de todos los BIENES de CONFERRY podrá designar Equipos de Trabajo de gestión administrativa, Logística de Operaciones, Flota, Comercialización y Ventas y aquellos que fueren necesarios para garantizar la continuidad del servicio público del transporte marítimo desde tierra firme hasta el estado Nueva Esparta[84].

2. Resolución mediante la cual se designa los Equipos de Trabajo de Gestión Administrativa, Comercialización y Ventas, Logística de Operaciones y Flota y la Coordinación Técnica Deportiva para la afectación de todos los BIENES de CONFERRY, para garantizar la continuidad y operatividad del servicio público de transporte marítimo desde tierra firme hasta el estado Nueva Esparta, así como la dirección del equipo de baloncesto venezolano "GUAIQUERÍES DE MARGARITA"[85].

3. Decreto N° 9004 mediante el cual se designa a la Ministra del poder Popular para Transporte Acuático y Aéreo, como única ejecutora de la gestión administrativa y operativa de los BIENES de CONFERRY[86].

4. Resolución mediante la cual se delega a la ciudadana Rosana González las gestiones administrativas y operativas de los BIENES de CONFERRY[87].

5. Resolución mediante la cual se delega al ciudadano Ricardo Sanz Ferrer las gestiones administrativas y operativas de los BIENES de CONFERRY, en sustitución de Rosana González[88].

---

[84] Publicada en la *Gaceta Oficial* N° 39.769 del 30 de septiembre de 2011.

[85] Publicada en la *Gaceta Oficial* N° 39.809 del 18 de noviembre de 2011.

[86] Publicado en la *Gaceta Oficial* N° 39.927 del 22 de mayo de 2012.

[87] Publicada en la *Gaceta Oficial* N° 40.179 del 31 de mayo de 2012.

[88] Publicada en la *Gaceta Oficial* N° 40.193 del 20 de junio de 2013.

6. Resolución mediante la cual se designa a la nueva directiva del equipo de baloncesto "Guaiqueríes de Margarita"[89].

Es importante destacar que el objeto de esta expropiación son TODOS los BIENES de CONFERRY. Y si recordamos lo reseñado en nuestro marco teórico *supra*, veremos como la expropiación debe recaer sólo sobre los bienes "indispensables" para la ejecución de la actividad, obra o servicio declarados de utilidad pública o interés social.

En el caso que nos ocupa, deberían haber sido entonces los bienes INDISPENSABLES para el "acceso oportuno, eficiente y digno al transporte marítimo desde y hacia la Isla de Margarita".

Encontramos, por lo tanto, injustificable que se haya expropiado el equipo de baloncesto "Guaqueríes de Margarita", un bien que no guarda ninguna relación con la prestación del servicio de transporte marítimo. Esto es flagrantemente violatorio del principio de razonabilidad y excepcionalidad que reviste la figura de la expropiación.

No entramos a analizar en detalle los demás bienes expropiados, pero no nos extrañaría encontrar otros activos dentro de la expropiación, que no son indispensables para la prestación del servicio de transporte marítimo desde y hacia Margarita y que por el solo hecho de ser propiedad de la empresa en cuestión han sido afectados por esta medida.

II. FINALIDAD DE LA EXPROPIACIÓN

La finalidad de la expropiación se refiere, como ya acotáramos, a la utilidad pública o al interés social que el Estado alega para justificar el acto expropiatorio. Por lo que nos debemos referir entonces a los considerandos del Decreto:

> Que todas las personas tendrán derecho a disponer de bienes y servicios de calidad, así como una información ade-

[89] Publicada en la *Gaceta Oficial* N° 40.224 del 9 de agosto de 2013.

> cuada y no engañosa sobre el contenido y características de los productos y servicios que consumen.
>
> Que el Gobierno Bolivariano ha observado con preocupación que la empresa CONSOLIDADA DE FERRYS C.A. (CONFERRY) ha venido prestando servicio de manera ineficiente, irregular y discontinua, generando riesgos a la salud, la vida y al derecho del libre acceso a bienes y servicios esenciales, tales como alimentos, medicamentos y otros insumos necesarios para la subsistencia de la población del estado Nueva Esparta.
>
> Que la empresa CONSOLIDADA DE FERRYS C.A. (CONFERRY) ha venido explotando el servicio de transporte marítimo de personas y bienes entre la Isla de Margarita y tierra firme en condiciones tales, que niegan el libre acceso a las venezolanas y venezolanos, mediante prácticas especulativas y una baja calidad en la prestación del servicio, que resulta en un daño al turismo, como principal actividad económica de la Isla.

Vistos estos considerandos, podríamos decir entonces que se pretende mediante la expropiación de CONFERRY la consecución de un interés social: el libre acceso a un servicio de transporte marítimo de personas y bienes entre la Isla de Margarita y tierra firme en condiciones tales, que permitan el acceso a los venezolanos a un alto servicio de calidad y que redunde en el incremento del turismo en la Isla.

Es evidente que la declaratoria de utilidad pública tiene una forma y contenido específicos. Es decir, como mencionamos en la parte introductoria, la formulación de esta declaración recae, no sobre el bien expropiado (en este caso los ferrys), sino sobre la obra o actividad para la cual es requerido dicho bien, de manera que lo que se declara de utilidad pública es esa obra o actividad, y no el bien específico requerido para la ejecución o desarrollo de las mismas. La obra sería "la reivindicación del derecho del pueblo venezolano a un acceso oportuno, eficiente y digno al transporte marítimo desde y hacia la Isla de Margarita" (último considerando del Decreto).

No podemos dejar de preguntarnos si "la reivindicación del derecho al transporte marítimo" es una obra en sí misma.

Tampoco podemos dejar de recordar aquí la definición de eficiencia, ya que entre los considerandos hemos visto como una de las justificaciones para la expropiación es que el servicio de transporte marítimo ha venido realizándose de manera ineficiente. Así, la eficiencia surge cuando no se puede generar la misma cantidad de producción utilizando una combinación de insumos de costo menor, o no se puede generar más producción utilizando la misma combinación de insumos[90]. En términos de Pareto: hay eficiencia cuando "no hay forma de reorganizar la producción y la distribución de manera que se incremente la utilidad de uno o más individuos sin reducir la utilidad de los restantes"[91].

III. INDEMNIZACIÓN JUSTA

En fecha 27 de noviembre de 2011, el Ministro de Transporte y Comunicaciones, Garcés, declaró que no era "el momento para establecer exactamente cuál es el justiprecio (de Conferry) y el valor de los bienes que serán nacionalizados", pero aseguró que "el Gobierno bolivariano es garante y cumplidor de lo que está establecido en la Constitución, tanto en derechos económicos, como en el sistema socioeconómico".

El Ministro ofreció estas declaraciones al salir de una reunión en la sede de la Vicepresidencia de la República, donde se analizó el tema de la prestación de servicios de transporte marítimo y aéreo en el país[92].

Al día siguiente, el 28 de septiembre de 2011, el Ministro Garcés, informó que se había realizado una primera reunión

---

90 Robert Cooter y Thomas Ulen: *Derecho y* economía, Fondo de Cultura Económica, México 1998, p. 25.

91 J.M. Henderson y R.E. Quandt: *Teoría Microeconómica.* Segunda edición, Ediciones Ariel, Barcelona, España, 1975, p. 297 y ss.

92 El Mundo. *Gobierno garantiza un "pago justo" por la expropiación de Conferry.* Disponible en http://www.elmundo.com.ve/noticias/economia/empresas/gobierno-garantiza-un-pa go-justo--por-la-expropia.aspx#ixzz2cyngkpCI [consultado: 11 de diciembre de 2015].

con los propietarios de CONFERRY y que la misma se había llevado a cabo "en términos adecuados" pero que apenas se habían dado los primeros avances para las posteriores evaluaciones de la flota y precisión de aspectos como el justiprecio para la adquisición forzosa de la compañía[93].

Apartando estas dos referencias de prensa no se ha hecho pública la negociación del pago de la justa indemnización que se adeuda en este caso.

Recordemos aquí que solo el pago de la indemnización produce la traslación de la propiedad, sin embargo, la realidad es que con la ocupación de los bienes de la empresa nos enfrentamos a una privación clara del derecho de propiedad, sin la correspondiente indemnización.

IV. OTRO PUNTO PECULIAR A DESTACAR: LA INEFICIENCIA DE CONFERRY DESPUÉS DE LA EXPROPIACIÓN

Hemos visto, entre los considerandos del Decreto expropiatorio que una de las razones que justificaron la expropiación era que el servicio que prestaba la compañía era ineficiente.

Nos interesa esta afirmación de ineficiencia para analizar qué ha pasado con el servicio de transporte marítimo luego del Decreto de expropiación.

En tal sentido, y sin negar que CONFERRY, antes de la expropiación, ciertamente sufriera problemas operativos[94], des-

---

[93] El Mundo (2011, 28 de septiembre). *Gobierno asumió la dirección de Conferry*. Disponible en http://www.elmundo.com.ve/noticias/economia/politicas-publicas/gobierno-asumio-la-direccion-de-conferry.aspx [consultado: 11 de diciembre de 2015].

[94] Debemos advertir que a la misma se le negó de forma sistemática y permanente el acceso a las divisas que le habrían permitido adquirir los repuestos necesarios para poner en funcionamiento los ferrys, que durante varios meses estuvieron parados porque las piezas de reposición no podían comprarse. Para más detalle ver estudio de CEDICE, http:// www.eluniversal.com/economia/110930/cedice-califica-de-

pués de la misma, la eficiencia sigue estando ausente. Y citamos a título de ejemplo, la Memoria y Cuenta del Ministerio de Transporte Acuático y Aéreo donde se reconoce el "funcionamiento limitado" de los buques, debido a los altos costos de mantenimiento por su antigüedad y se dice que es una herencia de los dueños anteriores, y aunque dos años después, el ministerio asegura haber resuelto problemas laborales, el servicio no mejora[95], sin olvidar los conflictos laborales que se han venido presentando en CONFERRY luego de la expropiación.

La Cámara de Turismo de Margarita asegura que la situación ha reducido los espacios de la Nueva Conferry en el movimiento de pasajeros: mientras que en 2007 trasladaba a 85% de los pasajeros, hoy mueve 50%. La otra mitad se moviliza con las empresas competidoras. Esto ha afectado negativamente el número de pasajeros que llegan a la isla por vía marítima, lo que perjudica el turismo. Asegura que el turista "más conveniente" para la economía insular es el que viene por vía marítima, debido a que generalmente llevan carros, con los que se trasladan a zonas menos cercanas a los centros turísticos, movilizando sus economías pequeñas[96].

En general, abundan las noticias sobre el deterioro del servicio de transporte marítimo desde y hacia la Isla de Margarita, existan denuncias en Twitter y en distintos medios de comunicación[97], donde incluso los empleados de la empresa se quejan

---

ilegitima-expropiacion-de-conferry [consultado: 11 de diciembre de 2015].

95 El Mundo. *Viacrucis de seis horas padecen usuarios de Conferry*. Disponible en http://www.elmundo.com.ve/noticias/ac tualidad/noticias/viacrucis-de-seis-horas-padecen-usuarios-de-confer.aspx [consultado: 11 de diciembre de 2015].

96 *Ídem.*

97 A título de ejemplo citamos:
http://www.el-nacional.com/sociedad/Conferry-estrenara-nueva-embarcacion-agosto_0_229777269.html
http://www.diariolavoz.net/2013/07/01/trabajadores-de-conferry-exigen-ajuste-salarial
http://diariovea.com.ve/internacional/gobierno-garantiza-

de las precarias condiciones de trabajo y el bajo salario que perciben, y aseguran que las embarcaciones que hoy trasladan a los pasajeros, no están en condiciones, denunciando también que no existe dotación de material para laborar y a veces ellos deben sacar de su bolsillo para que la empresa "funcione a medias"[98].

Todo esto presenta un panorama lejano a la eficiencia y opuesto a la consecución de utilidad pública que en teoría es la base de toda expropiación.

Como hemos indicado antes, la expropiación no persigue, al menos en teoría, la destrucción pura y simple de lo expropiado. Es decir, que la expropiación ha sido pensada y concebida originalmente para permitir el paso de bienes privados a la propiedad del Estado, por causa de utilidad pública[99], no expropiar para simplemente destruir lo expropiado, sin embargo, en caso como CONFERRY no podemos dejar de preguntarnos si esta no es la finalidad última del Estado.

CONCLUSIONES

1. En la expropiación de CONFERRY no ha habido declaratoria de utilidad pública e interés social mediante la ley, sino que todo se ha hecho a través de un Decreto

---

estabilidad-a-trabajadores-de-conferry
http://www.correodelorinoco.gob.ve/regiones/ejecutivo-nacional-anuncia-reestructuracion-conferry
http://www.el-nacional.com/sociedad/Conferry-estrenara-nueva-embarcacion-agosto_0_229777269.html
http://eltiempo.com.ve/locales/puertocruz/transporte/pasajeros-conferry-incumple-horario-y-el-servicio-es-pesimo/99 848 [consultado: 11 de diciembre de 2015].

98 El Nacional. *Trabajadores de Conferry protestaron para exigir ajuste salarial.* Disponible en http://www.el-nacional.com/so ciedad/Trabajadores-Conferry-protestaron-ajuste-salarial_0_218978243.html [consultado: 11 de diciembre de 2015].

99 Véase Eduardo García de Enterría y Tomás-Ramón Fernández: *Op. cit.* p. 239.

del Ejecutivo Nacional, esto vulnera la garantía expropiatoria.

2. La inclusión de TODOS los BIENES de CONFERRY como objeto de la expropiación no se compadece con la finalidad pública, y el mejor ejemplo es la expropiación del equipo de baloncesto "Guaqueríes de Margarita", solo porque era propiedad de la empresa, cuando es evidente que este equipo no es indispensable para garantizar el acceso al trasporte marítimo desde y hacia la isla de Margarita.
3. También aquí pareciera que estamos frente una expropiación sancionatoria ya que sus considerandos señalan como causas para justificar la medida que se "ha venido prestando servicio de manera ineficiente, irregular y discontinua, generando riesgos a la salud, la vida y al derecho del libre acceso a bienes y servicios esenciales, tales como alimentos, medicamentos y otros insumos necesarios para la subsistencia de la población del estado Nueva Esparta". Asimismo, se menciona que se ha dado información inadecuada y engañosa a los usuarios y que el servicio se ha venido prestando "mediante prácticas especulativas" y con baja calidad resultando en "daño al turismo, como principal actividad económica de la Isla."
4. Ya hemos comentado que la expropiación como sanción no está permitida por la Constitución, ni por la LECUP[100], y por lo tanto esta expropiación podría ser calificada de inconstitucional, sin descontar que las conductas arriba señaladas tienen sus propias sanciones, entre las cuales no está la expropiación.
5. La expropiación de CONFERRY, sin duda aumenta la concentración del poder económico del Estado, en

---

[100] Aunque hemos visto que sí estaba contemplada en la Ley para la Defensa en el Acceso a los Bienes y Servicios.

medio de un cuadro en el cual el sector público ha demostrado una enorme incompetencia para mejorar el funcionamiento de las empresas que expropia, embarga o, simplemente, confisca[101].

6. Lamentablemente, los problemas operativos que presenten empresas particulares no se resuelven con la intervención arbitraria del Estado y los atropellos a la propiedad privada. Al Estado le corresponde crear y fomentar el ambiente propicio para que se dé la competencia y se eleve la producción y la productividad. El Estado, en vez de cumplir con esta obligación fundamental, se ha dedicado a cercar cada vez más la iniciativa particular; sin contar con que incluso habiendo pagado el Estado la justa indemnización que se adeuda como consecuencia de la expropiación (que no es el caso para CONFERRY hasta la fecha), esto no es eficiente económicamente hablando porque en lugar de usar esos recursos financieros en pagar a los particulares, debería invertirlos en la resolución de otros problemas y en la ejecución de sus funciones públicas y no jugar al empresario.

7. Todo esto confirma, de manera contundente, el abuso de la facultad expropiatoria por parte del Estado en los últimos tiempos, sin contar con las dudas que surgen sobre si con tales medidas se ha alcanzado algún tipo de eficiencia económica, tal y como debe perseguir la expropiación como excepción al derecho de propiedad.

---

101 Al respecto reiteramos lo dicho en la nota al pie 50.

ANEXO:
CRONOLOGÍA DE ADQUISICIONES FORZOSAS POR PARTE DEL EJECUTIVO NACIONAL PUBLICADAS EN LA GACETA OFICIAL (PERÍODO 2000-2015)

Año 2005

#	G.O.	FECHA	AFECTADO	SITUACIÓN
1	38.106	13-1-2005	VENEPAL C.A.	Asamblea Nacional declara de utilidad pública e interés social. Solicita al Ejecutivo que dicte el respectivo decreto de expropiación
2	38.110	19-1-2005	VENEPAL C.A.	Presidente de la República declara la adquisición forzosa de los bienes para uso y aprovechamiento social
3	38.173	26-4-2005	Constructora Nacional de Válvulas C.A.	Asamblea Nacional declara de utilidad pública e interés social. Solicita al Ejecutivo que dicte el respectivo decreto de expropiación
4	38.174	27-4-2005	Constructora Nacional de Válvulas C.A.	Presidente de la República declara la adquisición forzosa de los bienes para uso y aprovechamiento social

5	38.281	27-9-2005	Complejo Industrial Sideroca-Proacero	Asamblea Nacional declara de utilidad pública e interés social. Solicita al Ejecutivo que dicte el respectivo decreto de expropiación
6	38.281	27-9-2005	Central Azucarero Cumanacoa, C.A.	Asamblea Nacional declara de utilidad pública e interés social. Solicita al Ejecutivo que dicte el respectivo decreto de expropiación
7	38.313	14-11-2005	Complejo Industrial Sideroca-Proacero	Presidente de la República declara la adquisición forzosa de los bienes para soberanía e independencia técnica del sector industrial metalmecánico
8	38.313	14-11-2005	Central Azucarero Cumanacoa, C.A.	Presidente de la República declara la adquisición forzosa de los bienes para desarrollo endógeno del circuito de la caña de azúcar de Cumanacoa

Año 2006

#	G.O.	FECHA	AFECTADO	SITUACIÓN
9	38.381	16-2-2006	Central Azucarero Cumanacoa C.A.	Asamblea Nacional declara de utilidad pública e interés social la obra "Desarrollo Endógeno del Circuito de la Caña de Azúcar de Cumanacoa"
10	38.384	21-2-2006	Central Azucarero Cumanacoa C.A.	Asamblea Nacional ratifica la utilidad pública y el interés social de la puesta en operatividad, uso y aprovechamiento de los bienes muebles, inmuebles y demás bienhechurías del Central Azucarero Cumanacoa
11	38.556	3-11-2006	Central Azúcarero Motatán	Asamblea Nacional declara de utilidad pública e interés social. Solicita al Ejecutivo que dicte el respectivo decreto de expropiación
12	38.563	14-11-2006	Central Azúcarero Motatán	Presidente de la República declara la adquisición forzosa de los bienes para desarrollo endógeno del circuito de la caña de azúcar de Motatán
13	38.590	22-12-2006	Parque Metropolitano de Maracay	Presidente de la República ordena la desafectación y expropiación de un terreno de 165.396 hectáreas para la construcción de viviendas

Año 2007

#	G.O.	FECHA	AFECTADO	SITUACIÓN
14	38.710	21-6-2007	Frigorífico Industrial Barinas, S.A.	Presidente de la República declara la adquisición forzosa de los bienes para uso y aprovechamiento social
15	38.710	21-6-2007	Frigorífico Industrial de Carnes de Perijá, C.A.	Presidente de la República declara la adquisición forzosa de los bienes para uso y aprovechamiento social
16	38.738	2-8-2007	Complejo Cementero Andino, S.A.	Asamblea Nacional declara de utilidad pública e interés social. Solicita al Ejecutivo que dicte el respectivo decreto de expropiación
17	38.743	9-8-2007	Complejo Cementero Andino, S.A.	Presidente de la República declara la adquisición forzosa de los bienes para la ejecución de la obra "Desarrollo Endógeno Cementero Andino"
18	38.760	3-9-2007	Frutícola Caripe, C.A.	Asamblea Nacional declara de utilidad pública e interés social. Solicita al Ejecutivo que dicte el respectivo decreto de expropiación
19	38.761	4-9-2007	Frutícola Caripe, C.A.	Presidente de la República declara la adquisición forzosa de los bienes para la ejecución de la obra "Desarrollo Endógeno del Circuito

				Citrícola Caripe”

Año 2008

#	G.O.	FECHA	AFECTADO	SITUACIÓN
20	38.889	12-3-2008	Servicios Pesqueros Mida Alpesca, C.A.	Asamblea Nacional declara de utilidad pública e interés social. Solicita al Ejecutivo que dicte el respectivo decreto de expropiación
21	38.893	18-3-2008	Servicios Pesqueros Mida Alpesca, C.A.	Presidente de la República declara la adquisición forzosa de los bienes para uso y aprovechamiento social
22	38.917	24-4-2008	Ruedas de Aluminio, C.A.	Asamblea Nacional declara de utilidad pública e interés social. Solicita al Ejecutivo que dicte el respectivo decreto de expropiación
23	38.920	29-4-2008	SIDOR, C.A.	Asamblea Nacional declara de utilidad pública e interés social. Solicita al Ejecutivo que dicte el respectivo decreto de expropiación
24	38.928	12-5-2008	SIDOR, C.A.	Presidente de la República dicta la *Ley Orgánica de Ordenación de las Empresas que Desarrollan Actividades en el Sector Siderúrgico en la Región de Guayana*

25	38.946	5-6-2008	Hotel Hibiscus del Grupo 6, C.A.	Asamblea Nacional declara de utilidad pública e interés social. Solicita al Ejecutivo que dicte el respectivo decreto de expropiación
26	38.948	9-6-2008	Ruedas de Aluminio, C.A.	Presidente de la República declara la adquisición forzosa de los bienes para la ejecución de la obra "Centro de Producción de Rines de Aluminio"
27	5.886 [E]	18-6-2008	Cemex Venezuela, S.A.; Holcim Venezuela, C.A. y Fábrica Nacional de Cementos, S.A.	Presidente de la República dicta la *Ley Orgánica de Ordenación de las Empresas Productoras de Cemento*
28	38.966	4-7-2008	Terreno en la población de Guatire del municipio Zamora del estado Miranda	Asamblea Nacional declara de utilidad pública e interés social. Solicita al Ejecutivo que dicte el respectivo decreto de expropiación
29	38.979	23-7-2008	Edificio sede de la Vicepresidencia Ejecutiva de la República	Asamblea Nacional declara de utilidad pública e interés social. Solicita al Ejecutivo que dicte el respectivo decreto de expropiación
30	38.997	19-8-2008	Cemex Venezuela, S.A.	Presidente de la República declara la adquisición forzosa de los bienes para uso y aprovechamiento social

31	39.019	18-9-2008	Transporte interno de combustible	Asamblea Nacional dicta la *Ley Orgánica de Reordenamiento del Mercado Interno de los Combustibles Líquidos*
32	39.052	5-11-2008	Complejo Industrial Helisold de Venezuela, S.A.	Asamblea Nacional declara de utilidad pública e interés social. Solicita al Ejecutivo que dicte el respectivo decreto de expropiación
33	39.053	6-11-2008	Complejo Industrial Helisold de Venezuela, S.A.	Presidente de la República declara la adquisición forzosa de los bienes para uso y aprovechamiento social

Año 2009

#	G.O.	FECHA	AFECTADO	SITUACIÓN
34	39.130	3-3-2009	Hotel Hibiscus del Grupo 6, C.A.	Presidente de la República declara la adquisición forzosa de los bienes para el Hotel Escuela del estado Nueva Esparta
35	39.150	31-3-2009	Cargill de Venezuela, S.R.L.	Presidente de la República declara la adquisición forzosa de la planta procesadora de arroz para uso y aprovechamiento social
36	39.150	31-3-2009	INVECA	Presidente de la República declara la adquisición forzosa del fundo conocido como Hato El Frío para uso y aprovechamiento social
37	39.152	2-4-2009	Venezolana Internacional de Aviación, S.A.	Asamblea Nacional declara de utilidad pública e interés social. Solicita al Ejecutivo que dicte el respectivo decreto de expropiación
38	39.168	29-4-2009	Central Azucarero Ribera	Presidente de la República declara la adquisición forzosa de los bienes para uso y aprovechamiento social
39	39.270	23-9-2009	Agropecuaria Miramar, C.A.	Presidente de la República declara la adquisición forzosa de la torrefactora de café verde para uso y aprovechamiento social

40	39.270	23-9-2009	Truchicultura Valle Rey, C.A.	Presidente de la República declara la adquisición forzosa de la Granja de truchicultura para uso y aprovechamiento social
41	39.270	23-9-2009	Almacenadora Pico El Águila	Presidente de la República declara la adquisición forzosa del centro de almacenamiento de semillas de papa para uso y aprovechamiento social
42	39.282	9-10-2009	Complejo Hotelero Margarita Hilton & Suites y la Marina	Presidente de la República declara la adquisición forzosa de los bienes para la ejecución de la obra Desarrollo Social del Sector Turístico y Hotelero del estado Nueva Esparta
43	39.303	10-11-2009	Fama de América C.A.	Presidente de la República declara la adquisición forzosa de los bienes para uso y aprovechamiento social
44	39.303	10-11-2009	CAFEA C.A.	Presidente de la República declara la adquisición forzosa de los bienes para uso y aprovechamiento social
45	39.315	26-11-2009	Conservas Alimenticias La Gaviota, S.A.	Presidente de la República declara la adquisición forzosa de los bienes para la ejecución de la obra Rehabilitación y Modernización de la Planta Socialista Enlatadora de Ali-

				mentos Marinos

Año 2010

#	G.O.	FECHA	AFECTADO	SITUACIÓN
46	39.349	19-1-2010	Centro Comercial Sambil La Candelaria	Asamblea Nacional declara de utilidad pública e interés social. Solicita al Ejecutivo que dicte el respectivo decreto de expropiación
47	39.349	19-1-2010	Almacenes Éxito, C.A.	Asamblea Nacional declara de utilidad pública e interés social. Solicita al Ejecutivo que dicte el respectivo decreto de expropiación
48	39.351	21-1-2010	Almacenes Éxito, C.A.	Presidente de la República declara la adquisición forzosa de los bienes para uso y aprovechamiento social
49	39.408	22-4-2010	Central Venezuela, C.A. y Agrícola Torondoy, C.A.	Presidente de la República declara la adquisición forzosa de los bienes para el funcionamiento del Complejo Agroindustrial Azucarero Venezuela
50	39.408	22-4-2010	Agropecuaria La Batalla, C.A.	Presidente de la República declara la adquisición forzosa de los bienes para el funcionamiento de una Planta Procesadora de Lácteos
51	39.408	22-4-2010	Agrícola Arapuey C.A.	Presidente de la República declara la adquisición forzosa de los bienes para el funcionamiento de una Granja de camarón marino y larva de camarón

52	39.411	27-4-2010	Central Azucarero del Táchira, C.A.	Presidente de la República declara la adquisición forzosa de los bienes consolidar la infraestructura agroindustrial para el desarrollo del potencial azucarero de la región occidental
53	39.413	29-4-2010	Zona Industrial I de la ciudad de Barquisimeto	Presidente de la República declara la adquisición forzosa de los inmuebles para la construcción de viviendas populares dignas para el pueblo larense
54	39.417	5-5-2010	Acerías Ibero-venezolanas, C.A.	Asamblea Nacional declara de utilidad pública e interés social. Solicita al Ejecutivo que dicte el respectivo decreto de expropiación
55	39.422	12-5-2010	Molinos Nacionales, C.A.	Presidente de la República declara la adquisición forzosa de los bienes consolidar la capacidad de procesamiento socialista agroindustrial para la Venezuela del siglo XXI
56	5.974 [E]	14-5-2010	Asociación Civil Universidad Santa Inés, S.C.	Presidente de la República declara la adquisición forzosa de los bienes para uso y aprovechamiento social
57	39.436	1-6-2010	Desarrollos Puerto de La Mar, C.A.	Presidente de la República declara la adquisición forzosa de lote de terreno para uso y aprovechamiento social

58	39.441	8-6-2010	Industria Azucarera Santa Elena, C.A.	Presidente de la República declara la adquisición forzosa de los bienes para consolidar el eje productor y agroindustrial de la caña de azúcar
59	39.441	8-6-2010	Industria Azucarera Santa Clara, C.A.	Presidente de la República declara la adquisición forzosa de los bienes para consolidar el eje productor y agroindustrial de la caña de azúcar
60	39.441	8-6-2010	Industria Nacional de Artículos de Ferretería, S.A.	Presidente de la República declara la adquisición forzosa de los bienes para reactivación y desarrollo de fábrica de partes y piezas metálicas para viviendas y edificaciones
61	39.445	14-6-2010	Alentuy, C.A.	Presidente de la República declara la adquisición forzosa de lote de terreno para uso y aprovechamiento social
62	39.445	14-6-2010	Envases Internacional, S.A.	Presidente de la República declara la adquisición forzosa de lote de terreno para consolidar la capacidad industrial del sector público de envases diversos para el pueblo venezolano

63	39.455	29-6-2010	Helmerich & Payne de Venezuela	Asamblea Nacional declara de utilidad pública e interés social 11 equipos de perforación para pozos petroleros. Solicita al Ejecutivo que dicte el respectivo decreto de expropiación
64	39.456	30-6-2010	Helmerich & Payne de Venezuela	Presidente de la República declara la adquisición forzosa de 11 equipos de perforación para pozos petroleros para uso y aprovechamiento social
65	39.490	18-8-2010	Centro de Entrenamiento Capitán Simón Arocha	Presidente de la República declara la adquisición forzosa de los bienes para uso y aprovechamiento social
66	39.490	18-8-2010	C.N.A. de Seguros la Previsora	Presidente de la República declara la adquisición forzosa de lote de terreno para consolidar la capacidad industrial del sector público de envases diversos para el pueblo venezolano
67	39.494	24-8-2010	C.N.A. de Seguros la Previsora	Presidente de la República declara de utilidad pública e interés social activo de la compañía
68	39.520	29-9-2010	Autoseat de Venezuela	Presidente de la República declara la adquisición forzosa de los bienes para uso y aprovechamiento social

69	39.523	4-10-2010	Grupo Agroisleña C.A.	Presidente de la República declara la adquisición forzosa de los bienes para uso y aprovechamiento social
70	39.524	5-10-2010	Complejo García Hermanos, S.A.	Presidente de la República declara la adquisición forzosa de los bienes para uso y aprovechamiento social
71	39.526	7-10-2010	Matesi, Materiales Siderúrgicos, S.A.	Asamblea Nacional declara de utilidad pública e interés social. Solicita al Ejecutivo que dicte el respectivo decreto de expropiación
72	39.528	11-10-2010	VENOCO, C.A.	Presidente de la República declara la adquisición forzosa de los bienes para la soberanía en la elaboración y suministro de bases lubricantes, lubricantes terminados, aceites dieléctricos, grasas y liga para frenos
73	39.528	11-10-2010	Fertilizantes Nitrogenados de Oriente y Fertilizantes Nitrogenados de Venezuela	Presidente de la República declara la adquisición forzosa de los bienes para el plan socialista de soberanía agroalimentaria
74	39.538	26-10-2010	Owens Illinois de Venezuela, C.A.	Presidente de la República declara la adquisición forzosa de los bienes para uso y aprovechamiento social

75	39.543	2-11-2010	Centro Comercial Sambil La Candelaria	Presidente de la República declara la adquisición forzosa de los bienes para uso y aprovechamiento social
76	39.544	3-11-2010	Siderúrgica del Turbio, S.A.	Presidente de la República declara la adquisición forzosa de los bienes para el complejo siderúrgico bolivariano
77	39.548	9-11-2010	Transporte ASER; M.G. Transporte; Transporte R.J.; Mundo de Servicios 2009 y Transporte Machico	Presidente de la República declara la adquisición forzosa de los bienes para uso y aprovechamiento social
78	39.550	11-11-2010	SILKA, C.A.	Presidente de la República declara la adquisición forzosa de un lote de terreno para uso y aprovechamiento social
79	39.553	16-11-2010	Conjunto Residencial Lomas de La Hacienda	Presidente de la República declara la adquisición forzosa de los bienes para uso y aprovechamiento social
80	39.553	16-11-2010	Conjunto Residencial El Encantado	Presidente de la República declara la adquisición forzosa de los bienes para uso y aprovechamiento social
81	39.553	16-11-2010	Parque Residencial Mata Linda	Presidente de la República declara la adquisición forzosa de los bienes para uso y aprovechamiento social

82	39.553	16-11-2010	Conjunto Residencial El Fortín	Presidente de la República declara la adquisición forzosa de los bienes para uso y aprovechamiento social
83	39.553	16-11-2010	Conjunto Residencial San Antonio	Presidente de la República declara la adquisición forzosa de los bienes para uso y aprovechamiento social
84	39.577	20-12-2010	Banco Caroní y sujetos desconocidos (estacionamientos)	Presidente de la República declara la adquisición forzosa de lotes de terreno para viviendas dignas para el pueblo
85	39.578	21-12-2010	Aluminio de Venezuela C.A.	Presidente de la República declara la adquisición forzosa de los bienes para uso y aprovechamiento social
86	39.578	21-12-2010	Sanitarias Maracay, C.A.	Presidente de la República declara la adquisición forzosa de los bienes para uso y aprovechamiento social
87	39.580	23-12-2010	Seguros Federal, C.A.	Presidente de la República declara la adquisición forzosa de los bienes para coadyuvar en la prestación del sistema público nacional de salud
88	39.584	30-12-2010	Edificio Junín	Presidente de la República declara la adquisición forzosa de los bienes para centro y sede del Consejo Federal de Gobierno

Año 2011

#	G.O.	FECHA	AFECTADO	SITUACIÓN
89	39.588	6-1-2011	Terrenos en las parroquias Altagracia, Santa Rosalía, San José y Santa Teresa de Caracas	Presidente de la República declara la adquisición forzosa de lotes de terreno para viviendas dignas para el pueblo
90	39.596	18-1-2011	Inversora Salomón 2007 C.A. y OMNICON, C.A.	Presidente de la República declara la adquisición forzosa de lotes de terreno para Campamento Pionero Monterrey
91	39.596	18-1-2011	Inversiones Satorno, C.A.	Presidente de la República declara la adquisición forzosa de lotes de terreno para Nueva Comunidad Socialista Manuelita Sáenz
92	39.596	18-1-2011	Cervecería Polar, C.A. y Refinadora de Maíz Venezolana	Presidente de la República declara la adquisición forzosa de lotes de terreno para Nueva Comunidad Socialista Amatina
93	39.600	24-1-2011	Terrenos en las parroquias Altagracia, El Paraíso, La Vega, El Recreo y San Bernardino de Caracas	Presidente de la República declara la adquisición forzosa de lotes de terreno para viviendas dignas para el pueblo
94	39.606	01-2-2011	Edificio El 26	Presidente de la República declara la adquisición forzosa del bien para recuperación y rehabilitación

95	39.606	01-2-2011	Edificio El Castillo	Presidente de la República declara la adquisición forzosa del bien para recuperación y rehabilitación
96	39.606	01-2-2011	Edificio Kolster	Presidente de la República declara la adquisición forzosa del bien para recuperación y rehabilitación
97	39.616	15-2-2011	Acerías Iberovenezolanas C.A.	Presidente de la República declara la adquisición forzosa de los bienes para consolidar la capacidad industrial del sector metalúrgico para el pueblo venezolano
98	39.621	22-2-2011	Terrenos en las parroquias Caraballeda, Urimare y Macuto del municipio Vargas del estado Vargas	Presidente de la República declara la adquisición forzosa de lotes de terreno para viviendas dignas para el pueblo
99	39.644	29-3-2011	Norpro Venezuela, C.A.	Presidente de la República declara la adquisición forzosa de los bienes para la producción industrial de agentes expansivos cerámicos para elevar la productividad de los yacimientos gasíferos y petrolíferos

100	39.651	7-4-2011	Distribuidora San Juan, C.A.	Presidente de la República declara la adquisición forzosa de los bienes para el desarrollo endógeno del sector alimentario del estado Guárico
101	39.659	25-4-2011	Parque Residencial La Arboleda, ubicado en el municipio Valencia, del estado Carabobo	Presidente de la República declara la adquisición forzosa de 47 apartamentos para viviendas socialistas para el pueblo
102	39.666	4-5-2011	Procesadora Industrial del Plátano, C.A.	Presidente de la República declara la adquisición forzosa de los bienes para la consolidación de la capacidad de aprovechamiento socialista del cultivo y desarrollo del plátano nacional en el estado Zulia
103	39.667	5-5-2011	Terrenos en el Distrito Capital	Presidente de la República ordena la expropiación de los bienes para la construcción de viviendas dignas para el pueblo venezolano y su buen vivir
104	39.671	11-5-2011	Terrenos en municipio Baruta del estado Miranda	Presidente de la República ordena la expropiación de los bienes para desarrollo urbanístico La Limonera

105	39.676	18-5-2011	Terreno en la Parroquia Antímano del Distrito Capital	Presidente de la República ordena la expropiación de los bienes para Nueva Comunidad Socialista Amatina
106	39.676	18-5-2011	Terreno en la Parroquia Sucre del Distrito Capital	Presidente de la República ordena la expropiación de los bienes para Nueva Comunidad Socialista Manuelita Sáenz
107	39.676	18-5-2011	Edificio El 26	Presidente de la República ordena la expropiación de los bienes para recuperación y rehabilitación
108	39.676	18-5-2011	Edificio El Castillo	Presidente de la República ordena la expropiación de los bienes para recuperación y rehabilitación
109	39.676	18-5-2011	Edificio Kolster	Presidente de la República ordena la expropiación de los bienes para recuperación y rehabilitación
110	39.676	18-5-2011	Inversora Salomón 2007 C.A. y OMNICON, C.A.	Presidente de la República ordena la expropiación de los bienes para Campamento Pionero Monterrey
111	39.681	25-5-2011	Terreno en la zona llamada El Molino, municipio Libertador (Tocuyito) del estado Carabobo	Presidente de la República declara la adquisición forzosa de terreno para construcción de viviendas El Molino para el buen vivir

112	39.681	25-5-2011	Terreno en la urbanización Colinas de Vista Alegre de Caracas	Presidente de la República ordena la expropiación de terreno para Ciudad Comunal La Yaguara
113	39.681	25-5-2011	Terreno en el municipio Carrizal del estado Miranda	Presidente de la República ordena la expropiación de terreno para desarrollo habitacional Lomas de Paramcay
114	39.682	26-5-2011	Edificios en el municipio Libertador del Distrito Capital	Presidente de la República ordena la expropiación de terreno para reivindicar el derecho a la vivienda para el buen vivir de familias del municipio Libertador
115	39.682	26-5-2011	Edificios en el municipio Libertador del Distrito Capital	Presidente de la República ordena la expropiación de terreno para viviendas dignas para el pueblo caraqueño
116	39.685	31-5-2011	Vidrios Venezolanos Extras, C.A.	Presidente de la República declara la adquisición forzosa de los bienes para uso y aprovechamiento social
117	39.695	14-6-2011	Materiales Siderúrgicos S.A.	Presidente de la República declara la adquisición forzosa de los bienes para Briquetera de Venezuela, C.A.

118	39.713	14-7-2011	Llano Arroz, S.A.	Presidente de la República declara la adquisición forzosa de planta procesadora de arroz para uso y aprovechamiento social
119	39.736	16-8-2011	Tratacero, C.A.	Presidente de la República declara la adquisición forzosa de los bienes para consolidar la capacidad industrial del sector público en el tratamiento térmico de piezas
120	39.736	16-8-2011	Terreno en el municipio Sucre del estado Miranda	Presidente de la República ordena la expropiación de terreno para Nueva Comunidad Maca Socialista
121	39.737	17-8-2011	Forjas de Santa Clara, C.A.	Presidente de la República declara la adquisición forzosa de los bienes para consolidar la capacidad industrial del sector público en la fabricación de partes y piezas forjadas en caliente bajo diseño
122	39.738	18-8-2011	Cartonajes Granics, C.A.	Presidente de la República declara la adquisición forzosa de los bienes para consolidar la capacidad industrial del sector público en la fabricación de cajas y estuches de cartón

123	39.741	23-8-2011	Terrenos en el municipio Libertador de Caracas y el municipio Vargas del estado Vargas	Presidente de la República declara la adquisición forzosa de lotes de terreno para viviendas dignas para el pueblo
124	39.757	14-9-2011	Inversiones 091-2, C.A. y Baiyoneta, C.A.	Presidente de la República declara la adquisición forzosa de un galpón para consolidar la capacidad industrial en el procesamiento de productos para la higiene y mantenimiento del hogar, industrias e instituciones
125	39.757	14-9-2011	OCI-METALMECANICA, C.A.	Presidente de la República declara la adquisición forzosa de los bienes para consolidar la capacidad industrial del sector público en la fabricación de carrocerías de vehículos y ensamblaje de chasis para camiones
126	39.761	20-9-2011	Pastas Cariolli, C.A.	Presidente de la República declara la adquisición forzosa de los bienes para consolidar la capacidad industrial del sector público en la actividad del sector automotriz

127	39.761	20-9-2011	KSB Venezolana, C.A.	Presidente de la República declara la adquisición forzosa de los bienes para consolidar la capacidad industrial del sector público en la actividad del sector automotriz
128	39.766	27-9-2011	Consolidada de Ferrys C.A.	Presidente de la República declara la adquisición forzosa de los bienes para uso y aprovechamiento social

Año 2012

#	G.O.	FECHA	AFECTADO	SITUACIÓN
129	39.840	11-1-2012	Productores Asociados de Café de los Distritos Bermúdez y Benítez, C.A.	Presidente de la República declara la adquisición forzosa de los bienes para reactivación y transformación en unidad de producción socialista de un centro de acopio, almacenamiento y procesamiento de café
130	39.882	13-2-2012	Sucesión Heemsen, C.A.	Presidente de la República declara la adquisición forzosa de terreno para nueva terminal de contenedores de Puerto Cabello
131	39.892	27-3-2012	Terreno en Los Teques estado Miranda	Presidente de la República declara la adquisición forzosa de terreno para centro socioproductivo para los pequeños comerciantes de La Hoyada
132	39.892	27-3-2012	Promociones Mussaka Ay B 1.122, C.A.	Presidente de la República declara la adquisición forzosa de terreno para centro socioproductivo Los Cerritos
133	39.892	27-3-2012	Azucarera Guanare, C.A.	Presidente de la República declara la adquisición forzosa de bienes para consolidar la infraestructura agroindustrial para el desarrollo del po-

				tencial azucarero de la región Centro Occidental
134	39.908	24-4-2012	Laboratorios Orpin Farma C.A.	Presidente de la República declara la adquisición forzosa de bienes para consolidar la capacidad industrial del sector público en la elaboración de soluciones fluidoterápicas y soluciones electrolíticas concentradas

Año 2013

#	G.O.	FECHA	AFECTADO	SITUACIÓN
135	40.227	13-8-2013	Terreno en el sector Boca de Guerra del municipio Biruaca del estado Apure	Presidente de la República declara la adquisición forzosa de terreno para la construcción de "viviendas dignas para el pueblo"

Año 2015

#	G.O.	FECHA	AFECTADO	SITUACIÓN
136	40.669	27-5-2015	Hoteles Ausonia y Edwards	Presidente de la República declara la adquisición forzosa de los bienes muebles, inmuebles y demás bienhechurías, que constituyen o sirven para el funcionamiento de los Hoteles Ausonia y Edwards"